문제적
주인공만
오세요

소설 심리치료실

—

문제적 주인공만 오세요,
소설 심리치료실

초판 1쇄 발행 2018년 7월 20일
초판 3쇄 발행 2023년 12월 20일

지은이 황미연
감수 신재현
일러스트 박선하(sunha405@naver.com)
펴낸이 이지은 **펴낸곳** 팜파스
기획편집 박선희
디자인 조성미 **마케팅** 김서희, 김민경

출판등록 2002년 12월 30일 제 10-2536호
주소 서울특별시 마포구 어울마당로5길 18 팜파스빌딩 2층
대표전화 02-335-3681 **팩스** 02-335-3743
홈페이지 www.pampasbook.com | blog.naver.com/pampasbook
이메일 pampas@pampasbook.com

값 14,000원
ISBN 979-11-7026-209-1 (03180)

이 도서의 국립중앙도서관 출판시도서목록(CIP)은 서지정보유통지원시스템 홈페이지
(http://seoji.nl.go.kr)와 국가자료공동목록시스템(http://www.nl.go.kr/kolisnet)에서
이용하실 수 있습니다.(CIP제어번호: CIP2018018512)

소설 속 문제적 주인공들의 흥미진진한 심리 분석 이야기

문제적 주인공만 오세요

소설 심리치료실

황미연 지음 | **신재현** 감수

팜파스

인간의 성격을 소설로 배우다

소설 속 인물들은 하나같이 드라마틱한 삶을 산다. 사랑을 위해 죽음을 불사하거나, 제 모든 것을 내던진다. 상처를 받아 위태롭기 짝이 없는 선택을 하다 결국은 몰락하거나, 아니면 극한의 위기를 뛰어넘어 꿈을 이룬다.

어찌 보면 참 이상하다. 허구의 인물이긴 하지만 문장 속 그들은 나와 같이 평범한 사람들과 같은 생각과 행동을 하고 사는 면도 분명 있다. 시공간을 초월해 내 마음속에 들어갔다 나온 것처럼 공감이 되는 면도 많다. 그런데 그들은 평범하게 살지 못한다. 왜 그들은 운명의 소용돌이에서 헤어 나오지 못하는 선택과 사랑, 관계만 맺어 나가는 걸까? 왜 결정적 순간이 오면 안타깝거나 예상 밖의 선택을 내리는 걸까?

고전 소설 속 인물이 지닌 '성격'을 심리 분석해보면, 그들이 이 렇게 드라마틱한 삶과 선택으로 사는 이유가 보인다. 비록 허구의 인물이지만, 소설 속 주인공 역시 사람이기에.

그저 순정남으로 포장하기에는 석연치 않았던 개츠비의 데이지 를 향한 맹목적인 사랑도, 성격을 분석해보면 다르게 보인다. 개츠 비는 어쩌면 자신을 향한 사랑이 철철 넘쳐 데이지라는 마지막 퍼 즐을 맞추어 완벽한 성공을 거두고 싶은 것일지 모른다.

햄릿 왕자 역시 마찬가지다. 아버지의 복수를 위해 죽음을 불사 한 용기 있는 인물일 수도 있다. 하지만 성격을 심리 분석하면 피 해망상에 빠진 인물일지도 모른다는 생각도 든다. 이처럼 인물의 성격을 토대로 행동을 살펴보면 그 행동이 달라 보인다.

이 책은 소설 속 사건과 인물이 드러낸 성격적 면모를 연결지어 살핀다. 그리고 그 연결을 심리학적 지식으로 살펴보고 있다. 어떻 게 보면, 소설 속 인물이 왜 그렇게 행동한 것인지 그 동기를 좀 더 자세히 이해해보는 책이라고도 볼 수 있겠다. 한 인물의 성격이 그 행동에 어떤 영향을 끼치는지도 알아본다.

사실 인간의 성격은 지문만큼이나 다양하다. 성격이란 유전적 요인과 환경적 요인이 결합되어 전 생애에 걸쳐 변화한다. 그 변화 와 발전을 거듭해 이루어 낸 개인의 고유한 심리적 체계가 바로 성격이다. 따라서 인간의 성격은 한 가지 유형으로 단정 짓기 어렵다. 이 책을 보면서 드라마틱한 선택과 삶을 사는 인물들을 통해 우리가 쉽게 저지르는 '성격에 대한 단정'을 경계하고, 인간을 좀 더 폭넓게 이해하는 것의 중요함을 느꼈다면 더 바랄 것이 없다.

한 가지 더 안내하고 싶은 것은 소설 속 인물의 성격을 분석하는 데 두 가지 분석툴이 사용됐다는 점이다. 먼저 이 책에서는 《꿈의 해석》으로 유명한 프로이트가 세운 학설인 '정신분석 이론'을 주로 사용한다.

'정신분석'은 20세기 전반기의 학문, 문화, 종교 분야에 지대한 영향력을 발휘했는데, 현대에 들어서 여러 이론가의 경험적 연구를 통해 더 많은 발전을 이루었다. 그 과정에서 특정 질환 및 성격에 대한 진단이 발견되었다가 사라지기를 반복했고, 그 중요도 또한 오르내렸다.

결과적으로는, 그래서 심리학 이론에 나오는 정신질환들과 그 명칭이 너무나 방대해져 버렸다. 그랬기에, 정신질환들을 체계적으로 분류하고 정리할 필요성이 높아졌고 그 결과, 정신질환의 공통된 기준과 명칭을 마련해 분류체계를 만든 것이 바로 정신질환 진단 및 통계 편람DSM, Diagnostic and Statistical Manual of Mental Disorders이다.

이 책에서는 정신분석 이론에 기반을 두되, 정신분석적 성격 유형을 통해 설명할 수 없는 등장인물의 성격에 한해서는 DSM을 참고하여 분석하였다. 그러므로 정신분석 이론과, 정신질환 진단 및 통계 편람DSM에서의 성격 유형 진단이 서로 다를 수 있다는 점을 미리 일러둔다.

CONTENTS

CHAPTER
02

나는 나를 가둘 권리가 있다
소설 속 인물로 만나는 분열성, 해리성, 강박성 성격

나도 몰랐던 또 다른 나를 만나다
—————————— 해리성 성격 ——————————

내 뜻대로 조종하지 못하면 사는 것이 아니다
—————————— 강박장애와 강박성 성격 ——————————

CHAPTER
03

마음이 아플 때 일어날 수 있는 슬픈 자기방어
소설 속 인물로 만나는 우울성, 피학성 성격

삶을 지킬 어떤 에너지도 남지 않은 사람들
—————————— 우울성 성격 ——————————

CHAPTER 04
타인의 고통이 나에게는 치유가 된다
소설 속 인물로 만나는 반사회성 성격

나에게 죄책감 따위는 없다

———— 반사회성 성격 ————

CHAPTER
01

사랑을 원하는 것도
지나치면 병이 된다

소설 속 인물로 만나는
자기애성, 편집성, 히스테리적 성격

자기 자신을 향한 미친 사랑의 끝에 서다

—— 자기애성 성격 ——

자기애와 열등감의 콜라보레이션

《재능 있는 리플리》

"보트 타러 갈까?"

디키는 선뜻 톰의 제안에 응했고,
둘은 곧 보트를 빌려 항해를 시작했다.

● 　　　　　　　　　　　　　　톰 리플리는 고아로 태어나

고모 집에 얹혀살다 연극 배우의 꿈을 품고 뉴욕으로 떠난다. 그러나 뉴

욕은 집도 직업도 없던 그에게 삭막한 도시였다. 톰은 닥치는 대로 아르

바이트를 하며 생계를 이어간다.

　그러던 어느 날, 대부호 허버트 그린리프 씨가 톰에게 찾아와 부탁을 한

다. 6주 안에 이탈리아에 있는 아들 디키를 미국으로 데려와 달라는 것이

다. 그 대가로 거액의 체류비를 받기로 한 톰은 이탈리아로 가 디키를 만난

다. 부유하고 세련된 디키를 본 톰은 그의 삶을 질투하면서도 동경한다. 다

른 사람에게 의심 없이 관대한 디키는 톰에게도 쉽게 마음을 열어 친구가

된다. 그러나 디키는 미국에 갈 생각이 전혀 없고 연인 마지와 깊은 관계를

이어 나간다. 톰은 그들의 사이에서 깊은 소외감을 느낀다. 시간이 지나며

체류비 지원도 끊기며 톰의 불안도 깊어진다. 이러다간 다시 예전의 가난한

삶으로 돌아갈까 두려워지기까지 한다.

　이따금 톰은 생각한다. *'내가 저 화려한 디키의 삶을 산다면 어떨까?'*

　영리한 톰은 디키와 함께 산레모로 여행을 가기로 한다. 그리고 요트를

타고 바다로 나간 톰과 디키. 그 요트 위에서 톰은 친구를 살해하고 혼자 돌

아온다.

　디키가 살해된 후, 이탈리아 경찰들은 곳곳을 수색하고, 주변인을 탐문

해보지만 어떠한 실마리도 찾을 수 없었다. 디키의 아버지는 사립 탐정까지

고용하지만, 결국 디키의 자살이라고 매듭짓게 된다.

톰 리플리는 때때로 디키를 죽인 죄책감에 시달리면서도, 자신의 살인이 발각될 위기에 처하면 유려하게 거짓말을 해내 남을 속인다. 디키의 서명까지 위조해 가짜 유언장까지 작성한 톰은 디키의 재산 일부를 상속받고, 그토록 꿈꾸던 디키의 삶을 살게 되었다. 그러나 톰은 수시로 불안에 떨며 자신의 죄가 행여나 드러났는지 신문을 샅샅이 뒤지고 경찰을 피해 다니게 된다. 톰의 거짓말은 점점 늘어가고 톰의 심리 역시 위축되어만 간다.

희대의 거짓말쟁이 리플리를 창조해낸 인간 심리 묘사의 대가, 패트리샤 하이스미스

/

1955년, 패트리샤 하이스미스의 소설《재능 있는 리플리The Talented Mr. Ripley》가 출간된 후 심리학계는 큰 충격에 빠졌다. 소설 속 등장인물인 톰 리플리의 이름을 딴 심리 증후군(일명, 리플리 증후군)이 생겨날 정도로 전례 없는 성격 유형이 탄생했기 때문이다. 톰 리플리는 자신이 창조해낸 허상 속의 자기Self를 깨뜨리지 않기 위하여 끊임없이 거짓말을 늘어놓는 인물이다. 상황에 따라서는 범죄는 물론 살인도 불사한다. 하지만, 아이러니하게도 톰의 원래 모습은 가난으로 위축된 소심한 청년에 불과했다. 기존의 인물상에서 크게 벗어난 이 파격적인 캐릭터에 대중은 열광했고, 그 인기를 보여 주듯이 '태양은 가득히', '리플리' 등의 영화로도 제작되어 흥행가도를 달렸다. 인기 배우 알랭 드롱, 맷 데이먼이 각각 톰 리플리로 열연했다.

소설을 쓴 패트리샤 하이스미스는 흡인력 있는 범죄심리 소설로 정평이 난 작가다. 인간 내면의 악을 적나라하게 드러내고 긴장과 불안으로 가득 찬 심리 묘사에 탁월해 에드거 앨런 포와 비교되기도 한다.

이토록 작가로서 성공한 그녀지만 개인의 삶은 우울하기 그지없었다. 반복되는 우울감과 알코올 중독으로 괴로워했고 인간관계도 오래 이어지지 않았다. 반면 동물과의 교감은 깊었다. 모국인 미국보다 유럽에서 인정을 받았으며, 패트리샤가 죽고 난 후에야 미국에서도 재평가받게 되었다.

불공평한 사회에서 괴물이 태어나는 과정의 전말
/

흙수저 톰은 똑똑한 머리를 타고났고 나름 치열하게 살았지만 금수저 디키를 따라잡을 수 없었다. 왜 세상은 디키에게로 더 기울어져 있을까? 톰을 좌절하게 만들고, 디키를 죽이게 되는 마음에서 우리는 인류 최초의 살인 사건을 떠올릴 수 있다. 바로 카인과 아벨이다.

하나님이 아벨의 제물만 받자, 부러움과 질투심을 못 이긴 카인은 동생 아벨을 죽이고 최초의 살인자로 이름을 올린다. 이유 없이 신의 사랑을 더 받은 자들은 현대에도 있었다. 디키는 모든 부와 권력을 가지고 태어났다. 시작부터 톰과 디키는 불공평한 위치였다. 카인이 아벨을 부러워하고 질투하듯이, 톰도 디키를 부러워하고 질투했다.

소설의 제목대로 톰은 재능이 많은 인물이다. 하지만 가난 때문에 많은 것을 포기하고 산다. 게다가 그 좋은 머리를 발휘할 기회조차 얻지 못한다. 똑똑한 톰에게 '가난이란' 벗어날 수 있다면 모든 것을 내버릴 수 있을 만큼 통탄스러운 것이었다. 그리고 어느새 자신의 반대편, '부유함'은 톰에게 닿을 수 없는 이상향이 되어 버린다.

자, 톰은 어쩌다 친구를 죽이고 모두를 속이는 괴물이 되었을까? 가난이 아무리 통탄스러워도 모두 살인자가 되지는 않는다. 여기서 우리는 톰의 열등감에 주목해보려 한다. 이탈리아에 와서 디키를 만난 톰은 부자들이 돈만 빼면, 자신과 별반 다를 게 없는 인간임을 깨닫는다. 오히려 재능은 톰이 훨씬 뛰어났다. 톰은 이런 생각을 떨칠 수 없었을 것이다.

'내가 대체 저들보다 뭐가 못나서 이렇게 변변치 못한 삶을 살아야 할까?'

톰에게 있어 상류 사회는 이상향이자 경멸의 대상이 된다. 열등감과 증오에 휩싸인 톰은 심지어 디키와 함께하며 정체성 혼란까지 겪게 된다. 디키와 있을 때는 온갖 향락에 취하다 디키가 없으면 다시 하층민이 되어 친구 집을 전전해야 하기 때문이다. 그러한 정체성의 혼란과 톰이 목격한 사회의 불평등은 톰 안에 자리한 '악'을 거리낌 없이 바깥으로 끄집어낸다. 톰은 가난만 아니면 자신도 상류층과 다를 바 없고 재능을 펼칠 수 있으리라 생각한다. 그의 열등감이 엄청난 야망으로 바뀌어 간 것이다.

그때부터 톰 리플리는 부와 가난, 도덕과 비도덕, 양심과 이기심 사이에서 끝없는 저울질을 시작했다. 상류 사회와 하류 사회 그 어디에도 속하지 못하고 경계선을 따라 걷는 위태로운 여행자가 된 것이다.

자신을 너무 사랑해 범죄를 저지르는 사람들
[톰 리플리의 심리 분석]

/

톰 리플리에게는 부분적으로 자기애성 성격이 나타난다. 자기애는 쉽게 말해 '타인보다 자신을 더욱 사랑하는 사람'을 말한다. 세상은 자신을 중심으로 돌아가고 타인은 자신을 위해 존재한다고 믿는다. 그런 이들의 치명적인 단점은 바로 아이러니하게도 '자존감이 낮다'는 것이다.

자기애성 성격인 사람은 스스로의 가치와 성취 능력을 긍정적으로 보는 일명 '자존감'을 기르지 못한다. 자신이 한 일에 대해 스스로 자부심을 갖지 못한다. 그래서 더 다른 사람에게서 자신의 존재를 확인받고 싶어한다. 자연스레 다른 사람에게서 칭찬이나 인정을 받으려는 욕구가 크고 비판이나 비난에 무척 취약하다. 심한 경우 수치심까지 느낀다. 이 수치심을 숨기기 위해 이들은 거짓말을 자주 하고, 남의 눈치를 보며 자기를 좋은 사람인 척 끊임없이 포장한다.

그렇다면 거짓으로 자신을 온전히 꾸며 낼 만큼, 자기애성 성격이 되어 버린 원인이 무엇일까? 다양한 원인이 있지만, 그중 하나로 부모의 양육 방식이 있다. 만일 부모가 아이를 키우면서 열등감이나 결핍을 자주 느끼게 했다면 아이는 자기애성 성격을 지니게 될 수 있다. 꼭 부모만이 아니라 누군가가 아이를 과시의 수단으로 삼거나, 자신의 소망을 대신 이뤄 주는 존재로 생각한다면, 아이는 그 누군가의 애정을 받기 위해 기대에 부응하려 한다. 그러면서 완벽주의, 강박증, 신경증에 시달릴 수 있다. 또한 자신이 평가를 당해 온 것처럼 다른 사람들을 대할 때도 서열을 나눈다.

자, 그렇다면 이제 톰을 살펴보자. 톰 리플리는 고아다. 아마도 자라면서 충분한 애정과 정서적 지원을 받지 못했을 가능성이 크다. 물질적으로도 부족한 환경이었다. 톰은 고아이기 때문에 '이상화'할 대상도 없이 자랐을 것이다.

여기서 이상화란 어린아이들이 삶을 학습하는 방식을 말한다. 아이들은 주변 대상을 관찰하고 그들의 장점을 위대하게 여기며 닮고 싶어하는 '이상화idealization' 과정을 거친다. 이상화를 하면서 아이들은 자신의 가치관을 세우고 이상적인 삶을 그려 낸다. 보통의 아이는 부모를 이상화하며 자신과 세상을 보는 눈을 키워 간다. 그런데 톰은 고아이기에 부모를 이상화하지 못했을 것이다. 그래서 부모가 채워 주지 못한 애정을 항상 갈구하며, 다른 사람의 감정 변화에 민감해하고 눈치를 살핀다. 그러다 보면 직접 말로 소통하기보다 다른 사람의 말과 행동을 감지해 홀로 판단하는 일도 자연스레 늘어난다. 상대는 전혀 그런 것이 아닌데, 오해로 인해 상처받고 수치심을 겪는 일이 톰은 아마도 아주 많았을 것이다.

그렇게 자랐을 톰에게 디키는 이상 그 자체였으리라. 이렇듯 톰이 디키를 이상화하는 장면에서 자기애성 성격의 특징이 일부 비춰진다.

> '그는 그것을 가졌다. 부, 명예, 잘생긴 외모, 세련된 미적 감각, 그리고 눈치 보지 않고 자기를 내보이는 당당함까지. 나도 가졌다면 완벽했을 그것.'

톰은 자신의 열등감을 자극하는 디키를 선망한다. 디키를 이상화하기 시작한 것이다. 톰은 디키의 친구들을 관찰하고 그들이 자신을 좋아할 리 없다고 맘대로 단정 짓고, 디키를 자신에게로 끌어들이려 한다. 자신이 디키를 동경하는 만큼 디키도 자신을 인정해주기를 바라면서. 하지만 톰의 집착에 디키는 점점 톰에게서 멀어

지려고 한다.

여기서 또 하나의 자기애성 성격 특성이 톰에게 나타난다. 바로 애정을 힘의 논리로 받아들이는 것이다. 아이가 양육자에게 충분한 사랑을 받지 못하면, 애정을 경쟁적으로 쟁취하려 들 수 있다. 즉 힘의 논리로 애정을 획득하려는 것이다. 이 경우, 폭력을 쓰거나 힘으로 상대방을 제압하려고 든다.(물론 애정 욕구가 만족되지 못해 자기애성 성격이 될 가능성이 크다는 것이지 타인을 양육자로 둔 아이가 모두 그렇게 된다는 이야기는 아니다.) 톰은 고아로 자라 여러 아이들과 함께 몇 안 되는 보호자의 사랑을 차지하는 환경에 놓였을 가능성이 크다. 유일한 양육자인 고모는 톰에게 아버지에 대한 경멸과 양육비 불만을 늘어놓기 일쑤였다. 그런 톰이 디키를 두고 디키의 친구들과의 관계를 경쟁 관계로 느꼈을 가능성은 매우 크다.

드디어 이상화 대상을 만났지만 톰은 더더욱 불행해진다. 디키의 자신감, 자존감을 동경한 톰은 그를 자신과 동일시하며 허상 속의 세계를 키워 나가게 된 것이다. 그리고 결국 이상화 대상인 디키를 없애고 자신이 직접 그 이상이 되려는 욕망을 실현시키고 만다.

디키를 죽이고 톰은 디키의 행세를 하며 부와 명예를 누린다. 진짜 자신일 때는 누릴 수 없던 자신감과 만족감을 얻었지만 본질적으로 톰은 디키가 아니다. '진짜'의 말투와 '진짜'의 서명을 따라 하며 거짓된 삶을 살 수밖에 없는 것이다. 따라 하는 것은 곧 그 밑

천을 드러낸다. 자기 삶에서 만족을 찾지 못하는 사람은 타인의 삶에서도 허울뿐인 생을 살기 마련이다.

타인에게 인정받고자 하는 욕구는 누구나 있다. 하지만 그로 인해 범죄까지 저지른다면 가히 병적이라고 할 수 있다. 이런 면은 반사회성 성격도 비슷한데, 톰을 자기애성 성격으로 분류한 이유는 그가 디키를 죽이고 나서 끊임없이 죄책감과 수치심에 시달리기 때문이다.

또한 자기애성 성격을 지닌 사람들은 내적 결핍에 시달리기 때문에 병적인 질투심을 느끼기도 한다. 그래서 자신에게 없는 것을 가진 이를 파괴하고 싶은 충동도 느끼는데 이 역시 반사회성 성격과 다른 점이다.

우리는 리플리가 아니라고 할 수 있을까?

/

톰은 더욱 완벽히 디키 행세를 하기 위해 호텔에서 거울을 보고 그의 흉내를 냈다. 그리고 자신을 완벽히 숨기기 위해 모자를 썼다. 자기Self를 꾸미는 것과 숨기는 것은 굉장히 쉬웠다. 톰이 디키를 연기할 때, 사람들은 친절과 호의를 베풀었다. 항상 변두리에서 눈에 띄지 않게 살아온 톰은 다른 사람의 관심과 애정을 받는 것이 이렇게나 즐거운 일인지 몰랐다. 그래서 이 행복을 깨지 않기 위해 머리카락 한 올조차 디키와 같게 만들었다.

옷차림과 말투가 달라졌을 뿐인데, 사람들이 톰을 대하는 태도와 시선은 하루아침에 달라졌다. 거짓일지언정 사람들은 그런 톰에게 호의와 친절을 베풀었다. 이로써 톰은 '거짓말'에 대해 긍정적인 피드백마저 받게 되었다. 그에게 거짓말은 비양심적이고 비도덕적 행위가 아니라 정서적, 금전적 도움을 주는 편리한 도구가되어 버린 것이다. 톰은 죄의식 없이 거짓말을 하게 된다. 이기거나 지거나 톰에게 거짓말은 곧 게임과도 같았다.

소설 속에는 톰이 로마의 아파트를 구입해 화려한 가구와 소품들, 그리고 커튼을 바꿔 달며 온전히 자신만의 공간을 꾸미는 장면이 나온다. 여기서 톰의 허영과 열등감이 여실히 드러난다. 자신의 취향 따위는 없다. 그저 점잖고 우아한 이웃과 어울릴 만한 장식으로 아파트를 가득 꾸미며 톰은 철저하게 자기를 없애고 디키로 살아간다. 이쯤 되면 주변인들만이 아니라 톰 리플리 자신 또한 자신이 꾸며 낸 모습에 농락당했다고 볼 수 있다.

소설 《재능있는 리플리》에서처럼 어떤 한 개인의 외양만 보고 대우가 달라지는 경험은 우리도 충분히 할 수 있다. 가장 쉽게는 블로그, 페이스북, 인스타그램 같은 SNS(소셜 네트워크 서비스)에서다. 개인의 양심과 도덕, 가치관과는 상관없이 외양만을 보고 '좋아요'를 누르는 것은 바로 우리가 무의식적으로 저지르는 인간

평가라고 할 수 있다.

SNS의 대표 기능 중 하나는 자신을 표현하는 것이다. 물론 자신의 모습을 그대로 표현하는 사람도 있겠지만 온라인상에서는 얼마든지 허구의 자신을 만들 수 있다. 단 몇 문장과 사진 한 장만으로도 우리는 새로운 신분과 정체성을 만든다. 현실 세계에서 못다 이룬 이상을 실현할 수 있는 유토피아인 셈이다.

이렇다 보니 SNS에서 리플리 증후군 같은 부작용이 생겨나기도 한다. 실제 내가 아닌 타인에게 '보이고 싶은' 대로 꾸며진 '나'로 가득한 공간이 되기도 하는 것이다. 당사자에게 SNS는 말 그대로 이상향이다. 유토피아utopia는 토마스 모어가 그리스어 Ou(없다)와 Topos(장소)를 합성한 용어로, 그 이름 자체에 '그러한 장소는 없다'라는 뜻이 담겨 있다. 우리가 꿈꾸는 이상향은 안타깝게도 실재하지 않는다. SNS가 개인의 유토피아를 마치 실재하는 것처럼 눈속임하는 장치일 뿐, 실제의 삶을 의미하지는 않는 것처럼.

어떤 사람은 SNS에서 불특정 다수에게 받는 댓글과 '좋아요'로 엄청난 만족을 느낀다. 어떤 사람은 다른 사람보다 더 행복해 보이려 일부러 삶을 연출하기도 한다. 그렇게 점점 다른 사람에게 보이는 모습에만 치중해간다면, 그것은 그만큼 실제 자기에 대한 열등감, 박탈감이 크다는 뜻일 수 있다.

우리의 시선은 생각보다 더 큰 폭력성을 지닌다. 가난한 청년 톰이 사람들의 무시 어린 시선을 먹고 자라 괴물이 된 것처럼. 타인에 대한 시선과 평가는 누군가를 자기애성 성격으로 만든다.

"못생겼다, 뚱뚱하다, 촌스럽다." 이러한 평가가 과연 무엇을 위한 것일까? 혹시 자신의 우월감을 채우려는 마음에서 시작된 것은 아닐까?

어쩌면《재능 있는 리플리》에서 일어난 모든 사건은 톰 리플리가 가난했기 때문이 아니라, 불공평한 세상과 사람들의 시선에서 어쩔 수 없이 발동된 방어 기제(자신을 보호하기 위한 무의식적 심리)로 인한 비극일지도 모른다. 영리했던 톰이 괴물이 된 과정을 지켜보면서, 우리는 외적인 요소로 사람을 판단하지 않고, 내면을 존중하는 분위기를 만들어 가야 할 것이다.

우리는 언제나 가질 수 없는 것을
기어이 사랑하고 만다

《도리안 그레이의 초상》

"저 초상화의 아름다움을
　　가질 수 있는 방법이 없을까요?"

도리안은 초상화 속 자신을 지긋이 보았다.

●　　　　　　　　　　　　　　유복한 외할아버지를 둔 덕에

큰 어려움 없이 사는 청년 도리안. 구김살 없고 아름다운 그의 모습은 빛

이 날 만큼 순수하다. 어느 날, 바질이라는 화가는 아름답고 순수한 도리

안에 매료되어 그의 초상화를 그리기로 한다. 완성된 초상화는 아름다움

의 극치였다. 도리안의 초상화를 본 바질의 친구 헨리는 그림 속 도리안

의 아름다움을 극찬한다. 그리고 헨리는 도리안에게 아름다움과 젊음은

한때뿐이니 마음껏 즐기고 쾌락에 취해 살라고 말한다.

　여태껏 자신의 아름다움을 인식하지 못하며 살았던 도리안은 그림 속 자

신의 아름다움에 넋을 잃고 만다. 그리고 묘한 질투심에 휩싸인다. *자신은*

이제 나이가 들고 늙어 갈 텐데, 초상화 속 자신은 이 아름다움을 언제까지고

유지할 것이 아닌가. 불현듯 도리안은 그림 속 자신이 대신 늙고 자신은 언

제나 아름다운 채 살기를 바란다. 영혼을 팔아서라도 초상화의 영원한 아름

다움과 자신의 유한한 아름다움을 바꾸고 싶어진 것이다.

　그런데 마치 도리안의 소원이 이루어지기라도 한 듯한 일들이 벌어진다.

도리안이 열렬히 구애해 교제하기로 한 여인을 바로 매정하게 버리자 초상

화가 묘하게 악하게 변해 있는 것이다. 놀란 도리안은 자신의 잘못을 깨닫

고 여인을 찾아가지만 그녀는 실연의 아픔으로 이미 자살해버렸다.

　그 후 도리안은 초상화를 몰래 감춘 채 쾌락과 타락을 즐기며 살아간다.

도리안은 여전히 아름다운 채 살아가지만, 초상화 속 자신은 점점 추악하게

변해간다. 뒤늦게 자신의 영혼을 상징하는 초상화를 되돌려 보려 애쓰지만 이미 불가능한 일이 되어 버렸다. 그리고 자신을 이렇게 타락하게 만든 모든 증오와 복수심을 초상화의 원작자인 바질에게 돌린다.

바질이 자신의 추악한 초상화를 보게 되었을 때 도리안은 바질을 죽이고 만다. 자신의 진짜 모습을 알게 된 바질을 살려 둘 수는 없으므로.

그로부터 18년이 흐른다. 도리안은 여전히 아름다운 채다. 일탈을 반복하며 살았으나 이제는 어떤 쾌락도 즐겁지 않다. 죄책감과 불안만이 들쑤실 뿐이다. 도리안은 늙고 추악해진 모습으로 자신의 모든 악행을 지켜본 초상화를 없애 버리기로 마음먹는다. 도리안은 펜나이프를 들어 화폭을 가른다. 그 순간, 초상화는 원래의 아름다움을 찾고 도리안은 늙은 모습으로 변해 가슴에 나이프가 꽂힌 채 죽음을 맞이한다.

도리안 그레이만큼이나 화려한 삶을 산 오스카 와일드

/

《도리안 그레이의 초상The picture of Dorian Gray》의 작가 오스카 와일드는 아일랜드의 더블린 출신이다. 런던 후기 빅토리아 시대의 사람으로 중산층 가정에서 자랐고 고전문학을 공부했다. 오스카 와일드는 당시 가장 인기 있는 극작가로 꼽혔다. 허나 그는 작가의 명성을 얻기 전부터 유명세가 자자했는데, 바로 화려한 외모와 옷차림 및 달변으로 사교계의 유명인사로 살고 있었기 때문이다.

화려한 젊은 날에 비해 말년에는 미성년자와 동성애, 풍기문란 등의 이유로 기소되어 실형을 살았다. 같은 시기에 어머니의 죽음, 양육권 박탈, 파산까지 잇단 불행이 그를 찾아왔다. 결국 오스카 와일드는 프랑스로 떠나 가족을 그리워하며 혼자 생활하다 뇌수막염으로 쓸쓸히 죽음을 맞이한다.

오스카 와일드가 쓴 유일한 장편소설인 《도리안 그레이의 초상》은 1890년, 처음 잡지에 출간된 후 저속하고 선정적인 내용 때문에 논란에 휩싸였다. 결국 1년 뒤 분량과 내용을 수정하여 지금 우리가 보는 20개의 장으로 구성된 교정본으로 재출간되었다. 출간하자마자 이 소설은 뜨거운 감자가 된다. 《도리안 그레이의 초상》은 쾌락과 도덕 사이에서 갈등하다, 종국에는 쾌락에 지배되어 도덕과 양심을 저버리는 한 인물에 대한 이야기다. 오스카 와일드는 소설 속 주요 세 인물이 모두 자기 자신을 반영한 것이라고 말한 적이 있다.

> *"바질 홀워드는 내가 생각하는 나의 모습이며,*
> *헨리경은 세상이 바라보는 나의 모습이요,*
> *도리안은 아마도 다음 생애에서나 한 번쯤 살아 보고 싶은*
> *내 마음속의 이상향이다."*

외면의 아름다움과 내면의 추악함 사이에서
[도리안 그레이의 심리 분석]

순수했던 도리안이 최초로 자신의 아름다움에 대해 인식한 것은 헨리를 만나고 나서부터다. 헨리를 만나 젊음, 아름다움, 외모 등 타인에게 평가받는 외적인 요소에 대해 눈을 뜨기 시작한 것이다. 도리안은 그때부터 유한한 청춘에 대한 욕망과 광기에 사로잡힌다.

도리안의 외모와 달리 그가 저지르는 행동과 범죄는 추악하기 그지없다. 허나 도리안의 외모에 반한 사람들은 그를 둘러싼 추악한 소문에는 아랑곳하지 않고 찬양만 한다. 도리안은 자신의 아름다움을 무기로 하여 한 여자에게 구애해 교제를 받아낸다. 교제하기로 한 뒤부터 여자에 대한 흥미가 급격히 식으며 그녀를 버린다. 버림받은 여자는 결국 자살을 하고 만다. 그뿐만이 아니다. 자신의 악행을 덮기 위해 도리안은 살인을 저지르고, 아편을 태우고, 남을 타락하게 만든다. 시간이 지나도 도리안의 겉모습은 여전히 아름다웠지만 그의 영혼을 담은 초상화는 점점 추악하게 변해갔다.

궁극적으로 이 소설은 본질적인 것의 가치를 이야기한다. 외모나 젊음처럼 남이 평가해주고 시간과 물질로 변질되는 외적인 요소보다는 양심, 도덕, 정신, 영혼 같은 내면의 본질을 추구하며 살라고 말한다. 세월에 따른 노화는 막을 수 없지만 영혼의 순수함만큼은 노력으로 지켜 낼 수 있기 때문이다.

그러나 소설 속 도리안은 이와 정반대로 살아간다. 그러니 쾌락과 아름다움에 집착하다 파멸을 맞는 것이다. 자신이 아름다운 줄도 모를 만큼 순수했던 도리안이 가장 추악해진 모습으로 죽게 되기까지 어떤 마음의 변화가 있었을까?

앞서 살펴본 리플리처럼, 이 소설의 주인공 도리안에게도 자기애성 성격의 일면이 곳곳에 나타난다. 자기애성 성격의 특징으로 수치심과 질투에 약한 면을 들 수 있다. 이들은 자신의 내적인 취약함이 드러날까 두려워서 이에 대한 반동으로 예민하게 구는 경향이 있다. 또한 자신의 부족한 부분을 남이 가졌을 때는 이것을 질투하다 못해 파괴하고 싶은 마음까지도 든다.

　도리안 그레이 역시 그런 모습을 보인다. 도리안은 초상화의 영원한 아름다움을 질투한다. 그리고 초상화와 자신의 아름다움이 뒤바뀌기를 기도한다. 실제로 그 소원이 이루어지자, 자신이 나쁜 짓을 저지를 때마다 초상화가 잔인한 표정으로 바뀌어 가는 것에 섬뜩해한다. 그리고 그것을 아무도 못 보도록 방 한구석에 숨긴다. 자기애성 성격인 사람들이 수치심과 내적인 취약함에 민감하게 반응하는 것을 상징적으로 보여 주는 대목이다.

　도리안은 자신의 일탈에 대해 수치심과 창피함을 느끼고 있었다. 아무리 선을 베풀어도 한 번 망가진 초상화를 되돌릴 수 없다는 것을 깨닫자 그는 초상화를 칼로 그어 버린다. 이 장면은 가질 수 없는 '양심'을 향한 질투가 심해져 자기애적 파괴 본능이 드러난 모습이다.

이상화 vs 평가절하,
도리안이 보여 주는 '자기애성 성격의 인간관계'
/

　자기애성 성격의 사람의 관계를 잘 살펴보면 반드시 자기 대상을 필요로 한다. '자기 대상'이란 자기Self의 자존감을 북돋아 주는 역할을 하는 사람을 말한다. 이들은 애정이 듬뿍 담긴 칭찬, 격려를 해주어 자기애성 성격의 사람들이 자신감을 키우게 한다. 다시 말해, 자기애성 성격을 지닌 사람은 자기 스스로 만족감을 느끼지 못하고, 자신을 인정해주는 타인이 있어야만 자신에 대해 만족할 수 있는 것이다. 이러한 성격 때문에 남이 자신을 어떻게 볼지에 집착하고, 그 기준에 맞추려 애쓴다.

　사실 꼭 자기애성 성격이 아니더라도 누구나 타인의 관심과 인정을 받으려는 욕구가 있다. 하지만 우리는 성인이 되면서 자신을 현실적으로 볼 줄 알고, 이 인정욕구를 적절히 조절할 줄 알게 된다. 그러나 자기애성 성격의 사람들은 이것이 잘 안 된다. 이상적인 자신의 모습에서 벗어나지 못하고, 다른 사람에게 인정받는 데 매몰된다. 그러다 종국에는 관계가 끝장나는 일도 잦다. 당연하게도, 이들이 원하는 만큼의 인정을 타인이 줄 수 없기 때문이다. 이들의 인정욕구에는 끝이 없어서, 아무리 받아도 좀처럼 만족하지 못한다. 항상 더 많은 관심과 사랑을 원한다.

　자기애성 성격의 사람들은 자신의 조건이 다른 대상들에 비해 얼마나 나은지 항상 비교하려고 한다. 이를 통해 자신보다 나은 조건의 사람을 이상화하고 그와 자신을 동일시해 자존감을 채우려 한다. 그러면서, 이상화한 대상보다 못한 자신을 평가 절하하기도 한다. 반대의 경우도 있다. 다른 사람을 평가 절하하면서 자신을 이상화하기도 한다. 이처럼 자기애성 성격을 가진 사람들은 자신과 비교 대상 사이에 이상화와 평가절하를 해가며 상보적인 관계를 이루려 하는 특성이 있다.

자, 도리안에게서 그 관계의 모습을 살펴보자. 도리안에게 쾌락을 눈뜨게 한 쾌락주의자 헨리는 결핍이 없는 완벽한 인물이다. 명성, 부, 인간관계, 화술, 세련된 안목, 유머와 위트를 겸비해 항상 주변에 사람이 따른다. 도리안에게 헨리는 이상적인 존재이며, 그와 동일시함으로써 자존감을 유지해주는 존재다. 그러면서도 동시에 이제 갓 사교계에 등장한 도리안과 대조되어 도리안의 모자란 부분을 일깨워 주는 존재이기도 하다. 그래서 도리안은 헨리를 존경하고 그와 가깝게 지내려 비위를 맞춘다.

반면 바질은 도덕적 인간상을 대표하는 인물이다. 바질은 순수한 모습을 잃어 가는 도리안이 안타까워 그를 선도하려 애쓴다. 하지만, 이미 세속에 물든 도리안에게 바질은 그저 시대착오적이고 촌스러운 사람일 뿐이다. 다시 말해 평가 절하된 인물이다. 도리안은 지나치게 도덕적이고 양심적인 바질을 따분하게 생각하며 그와는 반대로 쾌락을 즐기는 자기 삶에 높은 만족감을 드러낸다. 자기애성 성격이 강한 사람은 평가 절하된 사람을 거의 상종하지 않는데, 소설 속에서도 도리안과 바질은 점점 멀어진다.

비뚤어진 자기애는
이상을 권하는 사회가 만들어 낸 부작용이 아닐까

/

자기애성 특성 중 하나는 타인의 기대에 자기를 맞추는 것이다. 도리안 또한 헨리의 시선을 받아, 자신의 아름다움을 인식하면서부터 아름다운 것에 집착하게 되었다. 그 후 도리안의 자존감은 점점 외적인 부분으로 채워진다. 그렇게 될 경우, 자기만족이나 욕구 충족은 거의 불가능해진다고 볼 수 있다. 젊음이나 외모에 대한 가치는 대부분 타인의 평가가 필요하기 때문이다. 그리고 이것은 소설 속 도리안만의 이야기는 아닌 듯하다.

2000년 8월, 〈뉴욕타임즈〉의 칼럼니스트 '윌리엄 새파이어'가 자신의 칼럼에서 루키즘Lookism(종교 · 인종 · 성별 등과 같이 외모 또한 차별적 요소라는 것)이라는 용어를 처음 사용했다. 이 용어는 도덕이나 가치관 같은 내면적 요소보다 외적 요소로 개인의 우열을 가리는 외모지상주의를 강렬히 비판한다.

이 칼럼의 부제는 "못생긴 자들이여, 일어나라!Uglies of the world, Unite!"다. 외모로 인한 편견과 불평등, 그리고 차별은 꼭 못생긴 자들에게만 국한되지 않는다. 오늘날처럼 이미지 소비가 심각한 시대에는 겉으로 보이는 것에 민감해지고, 완벽해지기 위해 자신의 장점보다는 단점에 집착하기 쉬워진다. 다시 말해, 충분히 아름다워도 남보다 더 아름다워져야 한다고 욕망하게 되는 것이다.

남들이 평가하는 미적 기준에 맞추다 보니, 자연스러운 노화나 개성은 뒤로 밀려나기 일쑤다. 이렇게 우리는 자신의 의지가 아닌, 타인이 원하는 자기Self로 끊임없이 변화해간다. 이러한 변화의 끝에는 몰개성과 자존감 결핍만이 기다리고 있을 뿐인데도 말이다.

아름다움과 완벽을 강요하는 세상에서는 도리안처럼 비뚤어진 자기애로 살아가지 않을 도리가 있을까? 실제로 현대 사회에는 외적 가치로 인한 심각한 정신병질까지 생겨나고 있다. 신체이형장애BDD, Body Dysmorphic Disorder가 바로 그것인데, 자신이 괴물같다고 느낀 나머지 성형 중독, 지나친 다이어트, 자기혐오 등에 빠져 일상생활이 불가능해지는 경우를 말한다. 아직까지 정확한 원인이 밝혀지지 않았으나 유전적 및 기질적 연관성과 더불어, 완벽을 요구하는 현대 사회의 스트레스 또한 원인이 되기도 한다.

헨리로부터 학습한 쾌락 vs 비질이 강요하는 도덕
/

쾌락은 단발성이고, 취하기 쉽다. 이에 비해 도덕, 즉 영혼의 순수함을 지키는 일에는 많은 시간과 노력이 요구된다. 또한 도덕은 쾌락을 건전하게 즐길 수 있도록 도와주지만 쾌락은 도덕을 파괴한다. 쉽게 말하자면, 도덕 안에는 쾌락이 있지만 쾌락 안에는 도덕이 없다는 것이다.

지금 이 순간에도 물질적인 것, 육체적인 것, 젊음과 아름다움을 추구하며 타락과 쾌락의 경계에서 아슬아슬한 줄타기를 하는 사람이 있는가 하면, 정신적 수양을 통해 영원한 순수함과 건전한 쾌락을 즐기는 사람도 있을 것이다.

쾌락은 취하기 쉽지만 도덕은 어렵다. 쾌락은 누구나 즐기지만 도덕은 아무나 쌓을 수 있는 것이 아니다. 재미는 덜하지만 더욱 가치 있는 삶은 단연 후자임에 틀림없다. 외적인 것에 집착하지 않고, 내면의 가치를 키운다면 도덕과 쾌락을 건강하게 즐길 수 있다. 어떤 것을 선택할지는 전적으로 당신에게 달렸다.

'왜 성공했어도 행복하지 않지?'
꿈만 찾다 사라진 파랑새의 일대기

《위대한 개츠비》

"데이지와 어울리는 사람이 되고 싶었어."

개츠비는 성공이라는 꿈을 찾아,
'데이지'라는 사랑을 찾아 높이 날았지만,
구름 위 세상에는
여전히 닿을 수 없는 더 높은 구름뿐이었다.

　　　　　　　　　　　　　　　　　　　　　　제임스 개츠 James Gatz 는

가난한 부모 밑에서 자랐으나 평생 시골에서 평범하게 살기는 싫었다. 이

영리하고 야망 넘치는 젊은이는 상류 사회로 진입하고자 J. 개츠비 Jay Gatsby

로 이름을 바꾼다. 그러다 우연한 기회에 백만장자인 댄 코디 씨의 신임

을 얻어 그의 비서로 일하며 새로운 세계를 맛본다. 이후 군인이 된 개츠

비는 다른 장교들과 함께 루이스빌이라는 동네에 들렀다가 첫사랑 데이

지를 만나게 된다. 유복한 가문의 딸인 *데이지는 개츠비가 꿈꿔 온 상류 사*

회 그 자체였다. 날이 갈수록 둘의 사이는 깊어져 함께 뉴욕으로 떠나려

하지만 데이지 부모님의 강력한 반대로 계획은 무산된다.

　　그 후 개츠비가 전쟁이 한창인 프랑스로 소집된 사이, 데이지는 사교활

동을 하며 부유한 톰 뷰캐넌과 결혼한다. 그 소식을 들은 개츠비는 다급히

루이스빌으로 돌아오지만 데이지를 만날 수는 없었다. 이 모든 불행이 자신

의 가난과 신분 때문이라고 생각한 개츠비는 3년 동안 불법 밀주 등 수단을

가리지 않고 돈을 모은다. 그런 다음에 데이지가 사는 곳을 알아내, 자신의

신분을 세탁한 채 근처에 대저택을 마련한다. 그리고 주말마다 성대한 파티

를 연다. 혹여 데이지가 파티에 오지 않을까 하는 마음에서.

　　소설 속 화자인 닉 캐러웨이 Nick Carraway 는 개츠비의 대저택 옆 작은 집에서

살고 있다. 데이지의 사촌이기도 한 닉은 개츠비의 파티에 가서 친분을 쌓는

다. 그러다 개츠비가 간절히 첫사랑을 만나기를 소망하는 것을 알고는 둘의

만남을 주선한다. 데이지의 남편 톰은 이 둘의 사이를 의심하면서 개츠비가 부정한 방법으로 부를 축적했고 신분에 대해 거짓말을 했다고 폭로한다.

데이지는 개츠비와 톰 사이에서 극심한 혼란을 겪은 채 운전하다 한 여자를 치어 죽이고는 도망친다. 그 여자는 남편 톰의 외도 상대인 머틀 윌슨이었다. 머틀의 남편은 아내의 외도를 의심하던 차에, 톰에게서 개츠비가 머틀을 죽인 것이라는 거짓말을 듣고 분노하여 개츠비의 저택으로 숨어든다. 그리고 때마침 혼자 수영을 하던 개츠비에게 총을 쏜다.

항상 파티로 북적이던 개츠비의 대저택은 이제 적막만 흐른다. 평소 개츠비의 환대에 감사해하던 사람들은 아무도 조문하러 오지 않았다. 데이지마저도 오지 않은 쓸쓸한 장례식장을 지킨 사람은 닉과 개츠비의 아버지 헨리 개츠 씨뿐이었다.

피츠제럴드의 위대한 작품, 아메리칸 드림을 고발하다

/

《위대한 개츠비The Great Gatsby》는 미국의 작가 스콧 피츠제럴드의 장편소설로, 1920년대의 미국이 배경이다. 1차 세계대전 직후, 미국 경제는 전례 없는 풍요와 번영을 맞이했다. 그러나 경제 성장의 이면에는 무분별한 중독, 과소비, 공허한 인간관계 같은 부작용들이 있었다. 이 소설은 가장 화려한 시대의 허기를 재치 있게 꼬집어 고발한다. 미국인에게 가장 사랑받는 고전으로 매년 손꼽힐 정도로 큰 사랑을 받은 작품이며, 이 소설로 스콧 피츠제럴드는 세계적인 작가의 대열에 오르게 된다.

작가로 등단한 뒤 사교계에서 화려한 삶을 보낸 피츠제럴드 또한 개츠비처럼 허영과 공허에 시달렸다. 당시 그는 단편소설이나 잡지 칼럼으로 꽤 괜찮은 수입을 얻었고 좋은 평판을 받았지만, 그것이 작가로서의 자부심을 완벽히 채워 주지는 못했다.

결국 피츠제럴드는 사치스러운 삶을 청산하고 조용한 곳으로 이사한다. 헤밍웨이처럼 세계에서 사랑받는 대문호가 되고자 필사의 투쟁을 시작한 것이다. 여기서 그는 장편소설 《위대한 개츠비》를 집필하는 일에 몰두했다.

그러나 피츠제럴드가 이 소설에 집중한 사이에 당대 사교계를 주름잡았던 유명 인사이자, 그의 아내인 젤다가 외도를 저지르고 만다. 스콧 피츠제럴드는 크게 상심했으나 자신에게 영감을 주는 뮤즈 젤다와 헤어질 수는 없었다. 여기서 불행이 멈추었으면 했으나, 이후 젤다의 정신병에 이어 자신은 알코올 중독에 빠지는 등 불운이 이어졌고, 마지막 작품을 쓰다 심장마비로 사망한다.

안타깝게도 《위대한 개츠비》는 출판되었을 당시에는 큰 관심을 받지 못했다. 지금은 전 세계적으로 사랑받는 소설이자, 가장 미국적인 소설이라는 명성도 얻었다. 1974년과 2013년에 영화로 만들어져 개츠비 역에 당대 최고의 인기 배우, 로버트 레드포드와 레오나르도 디카프리오가 각각 주연을 맡아 큰 인기를 얻기도 했다.

'저 멀리 희미하게 반짝이는 초록 불빛 하나.
개츠비는 평생을 바쳐 그곳에 닿으려고 애썼지만, 가까이 다가갈
수록 불빛은 점점 멀어져만 갔다.'

결국 파랑새는 없다
/

뉴욕에서 그리 멀지 않은 곳에 바다를 사이에 두고 데칼코마니처럼 대칭을 이루는 달걀 모양의 두 섬, 이스트 에그와 웨스트 에그. 바로 이곳에서 위대한 개츠비의 위대하지 않은 사랑의 역사가 시작된다.

가난하다는 이유로 사랑하는 데이지를 포기해야 했던 개츠비는 데이지를 얻기 위해 닥치는 대로 돈을 번다. 불법도 마다하지 않던 개츠비는 결국 데이지가 사는 이스트 에그의 반대쪽 웨스트 에그에 대저택을 마련한다. 그리고 밤마다 바다 건너 부둣가에 반짝이는 초록 불빛을 바라본다. 그 불빛은 손만 뻗으면 닿을 것처럼 가까워 보이지만, 쉽게 손에 잡히지 않는다.

개츠비는 데이지와 만나기 위해 매일같이 파티를 연다. 그의 대저택은 항상 사람들로 붐비지만 이곳은 파티가 끝나면 서로 기억도 못할 얕은 관계의 장일뿐이다. 화려하고 아름다운 파티의 이면에는 허영심, 관계를 향한 끝없는 허기 그리고 공허함이 있다.

우여곡절 끝에 재회한 데이지와의 관계 또한 비극으로 막을 내린다. 평생을 '데이지에게 어울릴 만한 사람'이 되고자 노력했던 개츠비는 데이지를 되찾게 되면 행복해지리라 여겼다. 그에게는 이상과도 같은 상류 사회 그리고 그것을 상징하던 데이지였기에, 데이지를 얻는 순간 진짜 꿈이 이뤄지리라 생각했다. 그러나 현실 속 데이지는 옛사랑 앞에서 남편의 눈치를 봐야 하는 유부녀이자 속물이었고, 결과적으로 개츠비를 죽음에 이르게 했다.

그토록 찾아 헤매던 파랑새는 손에 넣자마자 죽어 버리고, 달콤한 꿈은 이루어지는 순간 쓰디쓴 현실이 된다. 꿈과 파랑새는 그것을 쫓을 때가 오히려 더 행복했다. 개츠비의 파티에서 환대받은 사람들은 개츠비의 죽음에 아무 관심도 없고, 장례식에도 오지 않는다. 평생의 사랑이었던 데이지 또한 오지 않았다. 이로써 개츠비는 평생을 닦아 온 성공과 사랑을 모두 잃고 말았다.

The Greatest Love of All,
위대한 사랑의 껍질을 쓴 자기애
/

사랑 앞에 맹목적인 개츠비에게 어떤 자기애성 성격을 찾을 수 있을까? 앞서 자기애성 성격 인물의 인간관계는 이상화 혹은 평가 절하의 두 방식으로 살필 수 있다고 했다. 데이지를 만나기 전, 개츠비는 여자와의 관계에서 만족을 느끼기는커녕 여성을 혐오하고 경멸하기도 했다. 사랑보다 성공이 더 중요했는데, 가난한 그가 열등감을 극복하려면 어떻게든 상류 사회로 들어가야 했기 때문이다.

이름을 바꾸면서까지 신분 상승을 꿈꾸었던 개츠비. 그의 간절한 소망은 온실 속 화초처럼 여리고 아름다운 데이지를 보았을 때 더욱 거세진다. 만일 나에게 부와 명예가 있었다면 신분의 격차 따위 없이 그녀를 쟁취할 수 있을 거라 믿었기에. 개츠비에게 데이지는 이상 속 파랑새가 되어 간다. 그러다 가난하다는 이유로 그녀와 헤어지자, 개츠비의 사랑은 집착에 가깝게 변해갔다.

개츠비의 사랑은 정신적 혹은 육체적 사랑으로 정의할 수 없다.

왜냐하면 데이지는 사랑의 대상이 아니라 신분 상승이라는 염원이 담긴 일종의 목표나 마찬가지였기 때문이다. 때문에 개츠비가 막대한 부를 쌓아 대저택과 자동차를 가진 유명 인사가 되었어도 공허함은 사라지지 않았다. 그의 옆에 데이지가 없었기 때문이다. 데이지는 자신의 성공을 완성시킬 마지막 퍼즐이자, 목표였다.

한편 데이지에게 사랑이란 자신의 부와 미를 재는 척도였다. 어려서부터 사교계의 인기 스타였던 데이지는 하루에도 대여섯 명과 데이트하며 젊음을 즐겼다. 그러다 개츠비에게 정착하려 했지만 부모의 반대로 명문대 출신 운동선수인 톰 뷰캐넌과 결혼한다. 나중에 부자가 된 개츠비를 다시 만나 톰과 개츠비 중 선택해야 할 순간이 왔어도, 자수성가한 개츠비 대신 자신과 비슷한 신분의 톰을 선택한다. 그 편이 자신의 평판에 더욱 좋기 때문이다.

이 삼각관계의 또 다른 인물 톰을 보자. 톰은 최고의 인기녀인 데이지와 결혼한 후 몇 차례 바람을 핀다. 그는 사랑보다는 쾌락을 위해 여자를 만나며, 데이트 상대를 소유물처럼 여긴다. 외도 상대인 머틀의 남편이 수상한 낌새를 눈치 채고 머틀과 함께 떠나려 하자, 머틀을 잃는 것에 대한 보상으로 뒤늦게 데이지를 찾는다. 그러나 데이지마저 빼앗길 위기에 처하자, 개츠비를 향한 질투심과 적대감을 내보인다. 데이지를 사랑해서가 아니다. 단지 자기 것을 뺏기기 싫어서 경쟁 상대를 없애려 든다.

이처럼 사랑이라는 껍질을 쓴 자기애로 세 인물은 움직인다. 사랑은 그 주체에 따라 자존감을 유지하는 수단도 되고, 물질적 소유물로 전락하거나, 자신의 삶을 내건 일생일대의 꿈도 된다. 자칫 비정하고 뻔뻔한 사기꾼으로 비춰질 수 있는 개츠비가 오늘날 연민을 받는 이유도 여기에 있다. 누군가에게 사랑은 가볍고도 시시한 것일지 몰라도, 개츠비에게는 모든 것을 내던져 가며 지켜 내고픈 마지막 희망이었다는 사실 말이다.

제임스 개츠가 만들어 낸 완벽한 페르소나, 위대한 개츠비
/

상류 사회라는 이상을 동경해온 개츠비는 타인의 시선에서 자유롭지 못했다. 개츠비는 열등감을 감추기 위해 허영과 자만으로 자기를 포장했다. 사람들에게 알려지는 것은 실체 없는 그의 이미지뿐이었다. 개츠비에 대한 소문은 무성했지만 정작 그의 실체를 아는 사람은 극소수에 불과했다. 개츠비는 자신이 가난한 시골 출신의 하찮은 청년이었다는 사실을 누구에게도 알리고 싶지 않았다. 그래서 사치스럽고 화려한 파티를 열면서도 자신을 늘 숨기고 사람들을 관망한다. 이처럼 화려한 외양과 달리 열등감과 공허감에 시달리는 내면에서 개츠비의 자기애성 성격을 엿볼 수 있다.

가난하다는 이유로 사랑을 빼앗긴 트라우마가 있기 때문에, 개츠비는 그토록 보고팠던 데이지 주변을 서성일 뿐 선뜻 나타나지 못했다. 레스토랑에서 우연히 데이지의 남편 톰과 마주쳤을 때도 당당히 인사하기보다는 도망치는 것을 택했다.

부득이하게 가까워져야 하는 상대에게는 거짓말을 한다. 개츠비는 닉에게 유복한 부모님이 갑자기 돌아가시면서 큰 재산을 물려주었다고 하고, 자신은 옥스퍼드 출신이라고 소개했다. 또한 전쟁에서 혁혁한 공을 세워 수많은 훈장을 받았다고도 했다. 물론 사실과는 거리가 먼 얘기들이다.

개츠비의 이런 면은 자기애성 성격의 사람들이 방어기제(감정적 상처로부터 자신을 보호하는 무의식적인 심리나 행동)로 자주 보이는 '완벽주의'와 비슷하다. 부족한 것을 보이기 싫어 세밀한 부분까지 완벽히 갖추려고 하는 것이다. 개츠비는 부자가 되고 나서도 데이지를 얻기 위해 치밀하게 움직인다. 데이지를 만나기 위해 그녀의 집 근처로 거처를 옮기고, 지인을 수소문해 약속을 잡는다. 자신의 목표 달성에 급급해 데이지의 의사도 살피지 않고 그녀의 남편 톰 앞에서 데이지와 자신은 사랑하는 사이라고 밝히기까지 한다.

사랑이라는 목표가 설정되기 전의 개츠비는 어땠을까? 개츠비의 장례식에서 아버지는 헌책 하나를 꺼내, 소년 개츠비가 뒤표지에 써둔 계획표를 보여 준다. 개츠비는 출세할 수밖에 없었던 아이라고 칭찬하면서. 기상시간부터 운동, 공부 등으로 빽빽이 짜인 계획표와 금연, 청결, 독서, 에티켓 등 소망들이 나열된 리스트에서 청소년 시절부터 드러난 개츠비의 완벽주의적 모습을 볼 수 있다.

개츠비는 과연 데이지를 진짜 사랑했을까?

/

자기애성 성격을 가진 사람들은 자기중심적인 면모를 보이기 쉽다. 그러면서도 타인의 평가를 기다린다. 비난에 취약하고 합리적인 비판이어도 받아들이기 힘들어 한다. 오로지 칭찬과 인정만 원하는 경향이 있다. 자신의 평판을 위해 외모, 학벌, 경제력, 인간관계 등 겉으로 드러나는 것에 신경 쓴다. 그것이 지나치면 연인 또한 자신을 돋보일 수많은 트로피들 중 하나로 여기기도 한다.

이를테면, 자신의 평판에 좋은 영향을 줄 것 같은 사람이면, 그 사람을 연인으로 만드는 것이 하나의 목표가 되는 것이다. 사랑 자체보다는 목표를 달성하려는 자기의 모습에 가치를 둔다. 칭찬을 받기 위해 열심히 공부하는 아이처럼 말이다. 그러므로 사랑을 할 때조차도 상대방의 감정보다는 자신의 감정을 중시한다.

자기애성 성격이 강한 사람은 이상향에 대한 소유욕이 심해지면 상대방의 행동까지 제약하기도 한다. 자기 외에 누군가를 만나는 것에 신경을 쓰고, 자신의 취향대로 외모를 가꾸기를 바란다. 이렇게 일방적으로 사랑을 강요하는 것도 일종의 폭력이다. 요즘 늘고 있는 데이트 폭력에서도 이런 마음의 작용을 엿볼 수 있다. 자신의 열등감으로 생긴 수치심을 연인에게 보상받으려 하기 때문이다. 상대방을 자신의 기준에 맞추려고 하고, 자기 감정만을 앞세우는 모습에서 상당 부분 자기애성 성격의 특징이 겹쳐진다. 그렇다고 해서 모든 자기애가 폭력적인 성향을 띄는 것은 아니다. 자기애는 통제가 가능하면 성공을 위한 열쇠가 될 수 있다. 하지만, 잘못하면 남을 해치는 무기가 될 수 있다는 점을 명심하자.

나르시스의 연못, 자기애의 시작
/

사람이라면 누구나 자기애적인 면이 있게 마련이다. 태어나서부터 수많은 경쟁을 겪으면서, 우리는 타인의 기대를 충족시키려면 누군가를 넘어서야 한다는 것을 깨닫게 된다. 누군가에게 지면 타인의 기대를 뺏기게 되므로 질투심에 휩싸이고, 누군가를 이겨 기대를 충족시키면 우월감에 빠진다. 질투심과 우월감. 이 감정 사이에는 '타인의 기대 혹은 시선'이라는 공통된 동기가 있다. 우리를 괴롭히는 평생의 딜레마가 자신이 아니라 타인 때문이라니 좀 억울하지 않은가? 그러나 안심하자. 해결책은 있다.

그것은 바로 나, 자기self를 키우는 것이다. 타인에게 보이는 부분은 결국 이미지일 뿐이다. 쉬운 예로, 데이트가 잡혔을 때 상대방이 좋아하는 스타일로 꾸미기보다는, 자신이 추구하는 분위기대로 꾸미는 것이다. 그러면 타인의 시선에 부응하려 내내 신경 쓰지 않아도 되고, 자신이 좋아하는 것을 탐색한다면 더욱 자연스러운 태도와 자신감을 지닐 수 있다.

남의 영향을 받는다는 것은 생각보다 더 피곤한 일이다. 옳고 그름을 판단할 기준이 외부에 있으므로 끊임없이 확인을 받아야 한다. 자아실현이 불가능해지므로 욕구불만에 시달린다. 그보다는 완벽하지 않더라도 스스로 세운 기준을 달성해보고, 실패할 경우에는 다시 시작하는 편이 더 낫다. 물론 이러한 자유에는 책임이 따른다는 점도 기억하자.

앞서 소개한 리플리나 도리안 모두 남에게 비춰지는 자기 모습을 사랑한 나르키소스다. 나르키소스는 연못에 비친 자기의 모습을 너무도 사랑하여 결국 연못에 빠져 죽음을 맞이한다. 개츠비 또한 마찬가지다. 그는 평생 동안 바다 건너 '초록 불빛'을 쫓았다. 그러나 손에 잡히는 것은 아무것도 없었다. 갈망은 허기로, 집착으로, 때로는 공허로 모습을 바꾸어 개츠비를 고독하게 만들었다.

사랑과 야망, 그리고 그 외 모든 가치에서 주체는 자신이어야 한다. 남의 눈에 비춰지는 이미지는 그 실체가 없으므로 아무리 노력해도 만족시킬 수 없고 결국 자기self만 상할 뿐이기 때문이다.

자기를 괴롭히는 의심과 불신,
사람을 믿지 못하게 된 사람들의 극단적 외로움

—— 편집성 성격 ——

황폐해진 마음에 찾아든
의심이라는 광기에 대하여

《광란의 일요일》

"오늘 밤은 저의 곁을 지켜 주세요."

스텔라의 말을 듣는 순간, 조엘은 알게 되었다.
이 불편하고도 달콤한 만남의 끝이 왔다는 것을.

● 어느 일요일,

영화 대본 작가인 조엘은 할리우드의 유명 감독 마일스 캘먼에게 파티 초
대장을 받는다. 파티의 목적이야 빤하다. 조엘은 일찍이 할리우드 배우인
어머니 밑에서 자라 영화판의 속물근성과 허상에 대해 익히 알고 있었으
니까. 파티 날. 예상대로 화려한 대저택에는 유명 인사들이 모여 자기 자
랑을 하느라 바쁘다. 조엘은 파티장에서 마일스 캘먼의 아내인 스텔라를
만나 첫눈에 반하게 된다. 그 역시 새로 구상중인 작품에 대해 허풍을 떨
며 그녀의 환심을 사려고 한다.

파티가 끝난 뒤에도 둘의 인연은 이어진다. 스텔라의 초대로 그녀의 여
동생 집에서 저녁 식사를 하게 된 것이다. 그 자리에서 마일스와 스텔라는
크게 싸운다. 마일스의 외도 때문이다. 평소 폐소공포증으로 정신분석의의
치료를 받아 온 마일스는 의사의 말을 빌려 자신의 외도 이유가 마더 콤플
렉스 때문이라고 합리화하려 든다. *그러나 스텔라는 마일스가 외도만이 아
니라 의처증까지 있다며 울분을 토한다.*

아니나 다를까, 마일스는 스텔라의 호감을 산 조엘을 질투하며 둘의 사
이를 의심한다. 조엘은 괜히 둘 사이에 휘말려 입장이 난처해질까 봐 스텔
라에게 거리를 둔다. 그러나 스텔라는 마일스가 경기를 보러 다른 지역으로
간 사이, 조엘에게 연락을 한다. 결국 둘은 영화를 보고 늦은 저녁을 함께하
며 대화를 나눈다.

대화의 내용은 의외였다. 스텔라는 자신이 얼마나 마일스를 사랑하는지 털어놓았다. 스텔라에게 조엘은 그저 마일스의 질투를 유발하기 위한 도구였을 뿐이다. 이런 스텔라의 진심을 모르고, 마일스는 자신이 없는 사이 조엘과 스텔라가 가까워질까 봐 비행기 시간을 앞당겨 돌아오려 한다. 운명의 장난인지 마일스가 탄 비행기는 추락해 마일스는 죽고 만다. 그 소식을 들은 스텔라는 실신한다.

왠지 모를 죄책감에 조엘은 밤새 함께 있어 달라는 스텔라의 부탁을 거절하고, 도망치듯 집을 나선다. 집 밖에는 이미 할리우드 영화계의 거장인 마일스의 사망 소식을 취재하러 온 기자들로 북새통을 이루었다. 기자들은 죽음에 대한 애도는 뒷전이고 단지 특종을 잡으려고 혈안인 모습이다. 사랑하는 남편을 잃은 스텔라의 마음에 대해서는 아무도 궁금해하지 않았다.

스콧 피츠제럴드의 단편소설,
광란의 일요일

/

《광란의 일요일Crazy Sunday》은 미국의 문예지인 〈아메리칸 머큐리〉 10월호(1932년)에 처음 소개된 피츠제럴드의 단편소설이다. 이소설도 역시 그의 전작들과 비슷하게 전쟁 후 찾아온 물질적 풍요와 그를 따라잡지 못한 심리적 허기에 대해 말하고 있다.

이 소설을 출간하기 전, 피츠제럴드는 《위대한 개츠비》의 집필을 마치고 할리우드 영화사에서 각본을 쓰는 일을 시작했다. 그리고 그는 여배우와 염문설에 휩싸이기도 하고, 아내 젤다의 신경쇠약과 아버지의 죽음을 겪는 등 잇따른 부정적인 이슈로 심경이 황폐해져간다.

아내 젤다의 치료와 생계를 위한 글을 써내던 그는 성공에 대한 야망, 물질적 풍요 뒤에 자리한 허무함에 대해 이야기한다. 그의 불안정한 심리 상태는 작품에 그대로 반영되는데, 《광란의 일요일》속 인물들에 아주 잘 그려져 있다.

모든 것을 다 가졌지만 아내를 의심하며 불행한 삶을 살다 죽은 마일스, 마일스를 사랑하지만 그의 의처증으로 괴로웠던 스텔라, 그리고 이 둘의 사랑싸움에 휘말려 죄책감을 느끼는 조엘. 소설 속 일요일마다 기묘하게 되풀이되는 만남으로 이어지는 광란의 삼각

관계는 실제로 아내 젤다의 외도로 깊은 상심을 겪었던 피츠제럴드의 심리를 반영한다.

"그 일이 일어난 것은 일요일이었다. 그리고 그날은 마치 하루가 아니라 이틀이라도 되는 양 아주 길게 느껴졌다."

1930년대 할리우드, 화려하지만 속은 황폐해진 사람들의 전성시대
/

매주 일요일, 한 주의 시작을 위해 업무를 검토하거나 신문을 보면서 여유롭게 티타임을 즐기던 조엘. 그러다 불쑥 배달된 초대장 한 장으로 인해 그의 삶은 광란의 한가운데에 놓이게 된다.

이 소설의 배경은 1930년대 할리우드 영화계다. 불을 향해 뛰어드는 부나비처럼 돈과 성공이라는 야망을 위해 모두가 달려드는 공간이다. 화려하고 사치스러운 이곳은 사람의 가치를 명성과 부로 저울질한다. 이 세계의 사람들은 누군가의 실패로 상대적 우월감을 느끼고, 성공의 공허함으로 느끼는 심리적 허기를 달래기 위해 부도덕한 행동을 서슴지 않는다.

성공한 감독인 마일스 또한 아내의 친구와 바람을 피우고 있다. 마일스의 아내 스텔라는 배신감에 대한 보상심리로 젊고 잘생긴 조엘을 유혹한다. 조엘은 스텔라가 자신에게 호감이 있다고 생각해 마일스가 자리를 비운 사이 스텔라의 마음을 확인하려 드니 그야말로 겉과 속이 다른 이들만의 세계다.

이중 겉과 속의 차가 가장 큰 인물은 마일스일 것이다. 그는 신경질적이나 재치 있고, 재능이 뛰어난 영화감독이다. 부와 성공을 모두 거머쥐었지만 치명적인 단점이 있다. 아내 스텔라를 향한 사랑으로 질투와 의심이 지나쳐 의처증을 보이는 것이다.

이런 마일스가 스텔라가 조엘에게 보인 호감을 놓칠 리 없다. 그래서 마일스는 자신이 자리를 비운 사이에 스텔라와 조엘이 가까워질까 봐 불안해하면서 계속 귀가 일정을 바꾸며 집으로 전보를 보낸다. 모든 성공을 누리고 스스로 외도까지 한 마당에 마일스는 왜 이렇게 아내에게 집착하는 걸까? 마일즈에게 나타난 편집성 성격의 특징을 살펴본다면 그를 좀 더 이해할 수 있게 될 것이다.

편집성 성격은 '의심'이라는 키워드로 요약할 수 있다. 이 성격의 특징을 보자면 의심이 많아 늘 경계하고, 불안과 긴장 상태로 지내는 편이다. 악의 없는 타인의 친절마저도 잘 믿지 못한다. 다른 사람의 의도를 곡해하여 받아들이기 때문에 인간관계가 늘 어렵다. 자기주장만 앞세워 남을 이기려 드는 태도 또한 편집성 성격의 특징으로 볼 수 있다.

마일스는 어떨까? 그는 그 험하다는 할리우드 영화판에서 살아

남은 사람이다. 어디 살아남기만 했는가? 그의 손을 거친 작품마다 성공을 거두어 영향력 있는 사람이 되기까지 했다. 마일스는 아마도 할리우드에서 성공하겠다는 일념 하나로 자신을 무시하는 사람, 속이려는 사람, 그리고 짓밟으려는 사람들과 고군분투했을 것이다. 그러는 동안, 그의 신경은 황폐해져갔다. 마일스는 현장에서 독선적으로 분위기를 이끌어 갔지만, 막상 집으로 오면 내면의 두려움으로 정신과 상담을 받기도 했다. 이처럼 마일스의 편집성 성격은 비정한 할리우드에서 살아남기 위한 방편으로 형성되었을지도 모른다.

한편 편집성 성격에 망상(병적으로 잘못된 판단이나 확신)까지 더해질 경우에는 병리적 망상장애로 이어지기도 한다. 쉽게 말해서 망상장애 환자는 편집성 성격의 의심과 적개심을 지닌 채 비교적 체계적이고도 현실적인 망상에 빠진 상태라고 보면 된다. 망상장애의 망상은 환각이나 환시 증상이 나타나지 않아 조현병의 망상과는 다르다.

미국 정신의학회American Psychiatric Association에 따르면 망상장애 환자가 겪는 망상의 주제는 이렇게 나뉘어진다. 누군가가 자신을 사랑한다고 상상하는 색정형, 자신이 특별한 재능이나 초능력을 가져 주요 인물이 되었다고 생각하는 과대형, 자신이 어떠한 음모나 계략으로 도청, 감시 같은 방해를 받고 있다고 믿는 피해형, 배우자나 애인이 외도를 저지른다고 의심을 하는 질투형, 자신의 신체에 이상이 있다고 느끼는 신체형 등이다. 이중 여러 주제가 섞여 있거나 딱히 주제를 특정할 수 없는 경우에는 혼재형 및 불특정형으로 본다.

이 작품에서 마일스는 편집성 성격과 더불어, 망상도 보인다. 그리고 그의 망상적 사고는 주로 스텔라에 대한 의심에서 생겨난다. 즉 부정 망상(질투형 망상)이다. 부정 망상이란 자신의 배우자가 타인과 부적절한 관계를 맺는다고 의심하는 것이다. 의처증이나 의부증으로도 알려진 부정 망상은 질투심으로 일어난다.

소설 속 마일스는 스텔라가 다른 사람과 만나거나 이야기를 나누면 불안해한다. 자꾸 전화하거나 감시하고 추궁하면서, 자신의 의심에 대한 근거를 찾으려 애쓴다. 사망 당일까지도 스텔라가 조엘과 만나 가까운 사이가 될까 봐 수차례 귀가 일정을 바꾸며 전보를 친다.

마일스가 이렇게나 스텔라를 사랑해서 의심과 불안을 떨칠 수 없다면, 외도는 도대체 왜 저질렀을까?

"정신분석가가 그랬어요. 마일스에겐 마더 콤플렉스가 있다고."

마일스는 정신분석의와 상담하며 자신이 '마더 콤플렉스'를 갖고 있다는 걸 알게 된다. 그리고 이것이 외도의 원인이라고 주장한다. 마더 콤플렉스는 주로 강한 어머니와 약한 아버지 아래 자란 남성에게서 나타나는 심리적 증후군으로, 일차적으로 어머니와 아들의 관계나 경험에서 만들어진다.

어머니는 강한 양육자로서 아들을 보호해주지만, 소유욕 또한 강해서 아들의 삶에 지나치게 간섭하거나 남편처럼 의지해 아들의 삶을 지배하려 한다. 이것은 추후 아들의 애정관계에 큰 영향을 미친다. 칼 융에 따르면 아들은 어른이 되어 자신의 남성성을 회복하기 위해 동성에게 의존하거나(동성애), 반대로 다른 이성에게서 어머니의 이미지를 찾으려 하는 여성편력(돈후안 콤플렉스)에 빠질 수도 있다.

마일스는 칭찬에 인색하며 요구가 많은 어머니 밑에서 자랐다. 그가 이룬 업적을 당연하게 생각하는 어머니로 인해 마일스는 마더 콤플렉스를 얻게 된다. 마더 콤플렉스로 인한 마일스의 외도는, 스텔라가 조엘에게 '마일스가 어머니에게 지배당한 압박감을 자신에게 전이시켜 놓고 새로운 여자를 찾는다'고 털어놓는 대목에서 더 확실하게 드러난다.

부정 망상이 가져온 비극,

[오셀로 증후군]

/

인류를 관통하는 키워드는 다양하겠지만, 그중 '사랑'이 빠질 수 있을까? 남녀 간의 결합, 즉 생명의 탄생은 유구한 인류의 역사를 이끌어 온 원동력이다.

사랑에 관한 많은 신화, 예술, 역사들이 인류의 번영과 흐름에 사랑이 얼마나 지대한 영향을 미쳐 왔는지를 증명해준다. 사랑은 그 자체로 삶의 목적이 되기도 하기에, 누군가는 사랑을 쟁취하기 위해서 목숨까지 거는 일마저 생기곤 했다.

그러나 사랑의 감정이 너무도 강렬해서인지 어떤 이들은 사랑하는 사람을 소유물로 여겨 집착하기도 한다. 아마 이들은 감정의 노예가 되어 버린 것인지도 모른다. 모든 신경이 사랑하는 상대에 쏠려 있고, 신체와 영혼이 지배당하는 느낌마저 든다. 그러므로 어떤 이유에서든 사랑을 상실하면 우울해진다.

우울로 인한 오랜 무기력은 분노로 바뀌어 충동적인 행동마저 한다. 영원히 내 것일 줄만 알았던 상대가 이별을 통보하면 그 사실을 받아들일 수 없어 상대에게 폭력을 가하거나 급기야 살인까지 저지르는 일도 있다. 오죽하면 '안전 이별'이라는 신조어까지 나오게 되었을까.

더욱 문제가 되는 것은 아무런 근거 없이 부정 망상에 사로잡혀 배우자나 연인을 의심하는 행동이다. 사랑의 감정을 말려 버리는 이 행위는 오래 전부터 있어 온 모양이다. 영국의 대문호 셰익스피어의 작품《오셀로》에서도 찾아볼 수 있으니 말이다.

　베니스의 장군 오셀로는 아름다운 데스데모나와 결혼하여 행복한 삶을 산다. 그러나 오셀로의 심복인 이아고가 캐시오에게 자신의 자리를 빼앗긴 후 앙심을 품고 음모를 꾸민다. 증거를 조작해 캐시오와 데스데모나를 불륜 관계로 만들어 버린 것이다. 오셀로는 그 증거로 인하여 질투와 망상에 시달리다 결국 아내를 제 손으로 죽이고 만다.

　이처럼 배우자에 대한 의심과 망상으로 인한 의처증이나 의부증을 '오셀로 증후군'이라고 부른다. 의처증이나 의부증은 명백한 증거나 정황도 없이 배우자를 의심하며, 의심이 심해지면 의사나 가족까지 불신하여 치료가 불가능해질 수 있다. 이것은 자신만 아프고 끝나는 게 아니라 최악의 경우 가족까지 해체시키므로 반드시 고쳐야 한다.

　현대 심리학에서 망상장애라고 부르는 것, 그중에서도 부정 망상으로 분류되는 의처증과 의부증에 대한 이야기가 수백 년 전 문학으로 기록되어 시대를 초월해 우리에게 교훈을 준다는 점이 놀라울 뿐이다. 믿어 보자. 천하의 오셀로도 후회했다. 의심을 거두고 더 사랑하자. 이것이 바로 400년 전의 오셀로가, 100년 전 마일즈가 지금 우리에게 전하는 메시지다.

그것은 위대한 복수극일까,
피해망상으로 자멸한 왕자의 이야기일까?

《햄릿》

햄릿은
자신의 눈을 믿을 수 없었다.

죽은 햄릿왕의 환영이
너무도 생생하게 느껴졌기 때문이다.

그것이 정말 왕의 원혼인지,
햄릿 자신의 착각인지 알 수 없을 만큼.

● 　　　　　　　　노르웨이의 침공에서 덴마크를 지켜 낸
햄릿왕이 갑작스럽게 죽고, 거트루드왕비는 곧바로 왕의 동생인 클로디
어스와 재혼한다. 잇따른 불행으로 혼란에 빠진 햄릿왕자는 점점 비뚤어
져가고, *그런 와중에 아버지의 유령을 보게 된다.* 아버지의 유령은 자신이
억울하게 죽었다며 왕자에게 복수를 부탁한다. 햄릿왕자는 아버지의 죽
음에 대한 진상을 밝히려 미친 척을 한다.

　한편, 클로디어스왕과 거트루드왕비는 햄릿왕자가 갑자기 이상해진 이
유를 찾으려 애쓴다. 이에 대해 폴로니어스재상은 자신의 딸 오필리어를 향
한 상사병 때문에 왕자가 미친 것이라고 주장한다. 그러나 왕자는 오필리어
에 대한 사랑이 전혀 남아 있지 않음을 확실히 하고, 배우들을 불러 왕이 독
살당하는 내용의 연극을 무대에 올린다. 연극을 본 클로디어스왕은 당황하
여 황급히 자리를 빠져나간다. 왕비는 연극에 대해 훈계하기 위해 햄릿왕자
를 따로 불러내고, 이 자리에서 왕자는 독대 내용을 엿탐하려 숨어든 폴
로니어스재상을 죽이고 영국으로 유배당한다.

　이때, 프랑스에서 유학중이던 폴로니어스재상의 아들 레이날도가 덴마
크로 돌아와 아버지의 죽음에 대해 진상을 밝히려 한다. 이와 동시에 영국
행 배를 타고 떠났던 햄릿은 영국에 도착하자마자 자신을 죽이라고 쓰인 왕
의 친서를 조작하고, 몰래 덴마크로 돌아온 뒤 복수극을 꾸민다.

　오필리어는 아버지의 죽음과 실연에 고통스러워하다 실족사한다. 레이

날도는 분노와 슬픔이 극에 달한 채 동생의 장례를 치르다 우연히 햄릿왕자와 대면한다. 둘은 곧장 몸싸움을 벌이지만, 클로디어스왕은 그들의 분노를 이용하려는 마음에 겉으로만 싸움을 말리는 척한다. 그들에게 일단 화해한 뒤 정정당당히 검술로 겨룰 것을 제안한다.

시합 당일, 클로디어스왕은 햄릿을 죽이기 위해 독이 든 술잔을 미리 준비한다. 그러나 말릴 새도 없이 왕비가 그것을 마셔 버린다. 한편 레이날도와 햄릿은 시합 중 서로 칼에 찔려 죽을 운명에 놓인다. 결국 레이날도는 이 시합이 왕의 음모였음을 밝히고, 햄릿은 클로디어스왕을 칼로 찔러 죽인 뒤 자신도 쓰러진다.

이 모든 것을 지켜본 햄릿왕자의 친구 호레이쇼는 폴란드와의 전쟁에서 승리하고 덴마크를 지나쳐 노르웨이로 가려던 포틴 브라스왕자에게 사건의 정황을 알려 준다. 그리고 햄릿왕자의 마지막 유언이라며 포틴 브라스에게 왕위를 계승한다. 포틴 브라스왕자는 햄릿왕자에 대한 존경심과 예의를 표하기 위해 그의 시신을 높은 단상에 모신다.

셰익스피어와 그에 얽힌 비밀들

/

영국의 극작가 셰익스피어는 4대 비극과 5대 희극을 비롯해 다수의 작품을 남겼다. 16세기, 라틴어가 공공연하게 사용되던 영국 사회에 신성처럼 나타나 마치 그의 이름_{Shake+spear}처럼 '영어를 살리기 위한' 창을 꺼내 휘둘렀다.

셰익스피어는 작품 전반에 걸쳐 2천여 개의 신조어를 만든 것으로도 유명하다. 누구나 흥미를 느낄 만한 사랑, 복수, 질투 등을 주제로 해 계층, 연령, 성별에 관계없이 큰 인기를 끌었다. 당시에는 출판 기술도 좋아져 책의 보급이 쉬워 금전적인 여유가 없는 서민층에게도 쉽게 다가갈 수 있었으니, 셰익스피어의 작품 활동은 그 자체로 범국민적 영어 살리기 캠페인이나 다름없었다.

그의 대중성이나 유명세에도 불구하고 제대로 된 초상화 한 장 없다는 사실이 미스터리하다. 물론 셰익스피어의 작품집에 그로 추정되는 인물의 초상화가 수록된 적도 있지만, 아무도 그것이 진짜 셰익스피어의 얼굴이라고 단정할 수 없다. 탄생일 또한 불분명하여 그가 유아 세례를 받은 날로 대체하였으니, 이것 역시 정확하지 않다. 이처럼 셰익스피어의 신상에 대한 정확한 사실이 부족했기 때문에, 항간에는 당대의 지식인들이 윌리엄 셰익스피어라는 필명 하에 뭉쳐 여러 작품을 공동 창작한 것이 아니냐는 낭설까지 떠돌았을 정도다.

셰익스피어는 죽는 날까지 비밀스러웠다. 자신의 무덤에 손을 대려는 자들을 향해 저주를 내렸기 때문이다. 과연 그 저주는 자신의 존재를 감추기 위한 것이었을까, 아니면 평온한 안식을 위한 부탁에 불과한 것이었을까. 애석하게도 그는 죽고 나서도 평온치 못했다. 그의 무덤을 레이저로 스캔한 결과, 두개골이 사라졌다는 사실이 밝혀졌기 때문이다.

수없이 재탄생되는 햄릿, 그는 누구인가

"죽느냐 사느냐, 그것이 문제로다." 같은 명대사는 익숙하지만 《햄릿Hamlet》이란 작품에 대해 속속들이 아는 사람은 많지 않을 것이다. 《햄릿》은 셰익스피어가 쓴 가장 긴 희곡으로, 희곡이라는 형식이 사람들에게 큰 진입장벽이 되어 실제 이 책을 완독하기는 쉽지 않기 때문이다. 책을 꺼내 들었어도 제 1막을 벗어나기도 전에 흥미를 잃어버리는 경우가 허다하다.

우리는 햄릿에 대해 얼마나 알고 있을까?

햄릿이 덴마크인이라는 것은 알고 있는가? 덴마크의 왕인 햄릿의 아버지가 죽고 난 뒤, 얼마 지나지 않아 어머니가 재혼했다는 사실은? 그 재혼 상대가 햄릿왕의 동생인 클로디어스라는 것은?

햄릿이 아버지의 억울한 죽음에 대해 복수하고자 클로디어스를 죽였으며, 결국 덴마크 왕실의 왕위를 계승한 사람은 지나가던 노르웨이 왕자였다는 것까지. 이것이 바로 셰익스피어의 4대 비극 중 하나인 《햄릿》의 주요 내용이다. 세계의 대문호가 쓴 희곡이지만 어렵거나 고상하지 않다. 오히려 웬만한 막장드라마 뺨치는 왕실판 복수극 정도로 보면 될 것이다. 12세기를 무대로 하지만, 보편적인 가치와 사랑에 대해 이야기하기 때문에 지금 우리에게도 충분히 매력적이다.

동서고금을 막론하고 왕실의 이야기는 서민들에게 가장 큰 관심사 중 하나였다. 경험해보지 못한 세계를 엿보고 싶은 호기심과 소수만이 누리는 특권에 대한 동경 때문이다. 《햄릿》 또한 덴마크 왕실의 이야기를 다룬다. 다만 고고함이나 우아함과는 거리가 멀 뿐이다.

극은 경비병들이 서거한 왕의 유령을 목격하는 것에서 시작한다. 뒤이어 주인공인 햄릿이 죽음과 사랑, 질투와 복수 사이에서 끊임없이 고뇌하는 모습이 이어지며, 등장인물의 대다수가 죽음을 맞이함으로써 대단원의 막을 내린다. 이처럼 왕실 또한 일반 사람들과 똑같이 사랑과 복수에 목숨을 건다는 설정은 대중을 열광시키기에 충분했고, 《햄릿》은 시대를 초월해 지금까지도 고전으로 사랑받고 있다.

"세상엔 그리 좋을 일도 나쁠 일도 없어. 결국은 다 생각하기 나름이지."

우유부단의 아이콘?!
[햄릿형 인간에 대한 반론]

/

이러한 대중의 사랑을 반영하듯, 러시아의 작가 이반 투르게네프는 인간의 성격 유형을 햄릿형 인간과 돈키호테형 인간으로 나누었다. 햄릿형은 우유부단하여 쉽게 결정을 못하는 사람을 말하며, 돈키호테형은 이상을 좇으며 생각보다 행동이 앞서는 사람을 말한다.

사실 햄릿이 우유부단한 인물이 아니라는 증거는 많다. 극의 초반부터 끝까지 햄릿의 목표는 아버지의 복수, 단 하나였다. 그는 뛰어난 기획가이자 수행자다. 생전의 모습으로 나타난 아버지의 유령을 마주했을 때, 감정에 흔들리기보다는 이성적으로 의심부터 했다. 그 혼령이 아버지라는 확신이 들었을 때 현장에 있던 경비병들에게 아버지의 유령을 목격한 것을 비밀로 하라는 치밀함도 보였다.

또한 유령이 말한 대로 아버지가 숙부인 클로디어스왕에게 독살당한 것이 맞는지를 확인하기 위해 비슷한 내용의 연극을 무대에 올려 클로디어스의 표정을 살폈다. 무엇보다 자신의 의심을 감추고자 미친 사람처럼 행동했다. 영국에 유배되었을 때는 자신을 죽이라는 내용의 친서를 조작하고, 몰래 배를 빠져나와 덴마크로 돌아오기까지 했다. 결정적으로 칼을 맞아 정신이 혼미해진 상태에서도 정확히 클로디어스왕을 찔러 죽였으며, 죽기 직전에는 덴마크의 왕위를 누구에게 넘길지까지 신경 쓰며 왕자로서 본분을 잊지 않았다. 이런 햄릿을 과연 우유부단하다고 할 수 있을까?

햄릿은 오히려 계획적이고 목표지향적인 인물이다. 그의 계획과 목표는 매우 구체적이고, 아버지의 복수라는 완벽한 동기가 있었기에, 목표 달성은 예견된 일이나 다름없었다. 동기와 계획, 목표 설정과 수행이라는 잘 짜인 시스템은 원수를 죽이는 것으로 대성공을 거뒀다. 마침내 햄릿은 이에 대한 보상으로 '단상 위로 올려지는' 명예를 얻었다.

그럼에도 불구하고 이 햄릿은 왜 우유부단한 인간상의 아이콘이라는 오명을 쓰게 되었을까.

"죽느냐 사느냐, 그것이 문제로다."라는 유명한 대사에서도 알 수 있듯이 작품 속에서 그는 끊임없이 고뇌했다. 처음 유령을 봤을 때 "아, 저주스런 운명이여. 내가 그것을 바로잡아야 하는 운명으로 태어나다니"라는 말을 하며 결단을 내려야 하는 자신의 처지를 비관했다. 게다가 우울증에 시달리며 아버지의 복수를 결심하면서도 끝까지 자신이 본 환영에 대한 의심을 거두지 못했다. 클로디어스왕을 바로 죽이지 않고 수차례 고심만 하며 극의 후반까지 지연했으므로 결단력이 없어 보이기도 한다. 그런 모습들에서 그가 갈팡질팡하다 '자신 역시 죽게 되는' 비극을 맞았다고 생각하게 된 이들도 꽤 많지 않았을까?

그러나 앞서 살펴보았듯, 햄릿은 부드러움이 넘쳐 맺고 끊음이 불분명하다는 뜻의 '우유부단'과 어울리지 않는다. 햄릿은 그저 자신의 의심과 환영이 진짜인지, 복수가 유의미한지를 끝까지 검증했을 뿐이다. 햄릿을 그토록 고민에 빠트린 삶과 죽음에 대한 문제는 절대 간단한 것이 아니었다. 아버지의 복수로 모두를 죽음으로 몰아갈 것이냐 아니면 잘못된 것을 알고도 그냥 기존의 삶에 순응할 것이냐의 문제. 즉 햄릿의 고뇌는 비겁하게 사느냐 혹은 용기있게 죽느냐라는 도덕성의 문제였던 것이다.

"죽음이라는 것은 잠드는 것과 같아. 잠이 들면 꿈을 꾸지.
문제는 만약 내가 죽음이라는 잠에 빠지게 된다면 과연 어떤 꿈을
꾸게 될지 모른다는 거야."

햄릿은 죽음을 잠과 비슷한 것이라고 생각한다. 잠이 들면 으레 꿈을 꾸는 것처럼, 죽음 뒤에도 무언가가 찾아오리라 예상하나 그게 무언지 몰라 두려움을 느낀다. 이 때문에 햄릿은 미지의 세계인 죽음에 발목 잡혀 현세를 부끄럽게 살아갈 것인지, 아니면 위험을 감수하고 떳떳하게 운명을 받아들일 것인지를 내내 고뇌한다. 그러다가 두려움 때문에 계획을 실천하지 못하는 것은 비겁하고 용기 없다고 판단해 결국 아버지의 복수를 감행한다. 목숨과 맞바꾼 용기를 지닌 햄릿에게 이제 우유부단이란 오명은 벗겨 줘야 하지 않을까?

피해망상에 사로잡힌 사람들
[햄릿에게 나타난 편집성 성격]

편집성 성격을 가진 사람들은 자신을 괴롭히는 근원이 외부에 있다고 생각한다. 그래서 의심이 많고 적개심, 원한, 복수심으로 가득 차 있어 타인과의 관계가 원만치 못하다. 그렇기 때문에 정서적으로 고립되어 고독해지는 경향이 있다. 이런 면모를 햄릿에게도 쉽게 찾아볼 수 있다.

햄릿은 아버지의 죽음으로 인한 우울을 떨치지 못한 채 방황하다, 어머니의 재혼에 배신감을 느꼈다. 또한 자신을 눈엣가시로 여기는 새아버지는 햄릿에게 두려움과 불안을 가져다주었다. 그러다 우연히 아버지의 유령을 만나 독살에 대한 내용을 들은 뒤 새아버지에 대한 의심과 복수심으로 가득 차게 된다. 이후 햄릿은 아버지의 원수를 갚겠다는 일념 하에 사랑도 포기하고 고독하게 복수의 칼날을 간다.

편집성 성격은 자라면서 자기효능감에 상처를 입은 경험에서 생겨날 수 있다. 예를 들면, 무서운 부모 아래 모욕감이나 굴욕을 느낀 아이들은 자연스럽게 부모에게 적대감을 가진다. 이들은 자신의 무력함을 인정하면서도, 한편으로 지배적인 부모를 넘어서고 싶어 하는 경향이 있다. 이렇게 편집성 성격 유형의 사람들에게는 '두려워하는' 약한 모습과 '자기중심적인' 강한 모습의 양극적인 이미지가 함께 나타난다. 햄릿이 새아버지에 대한 두려움으로 모든 것을 포기하고 살 것이냐, 죽음을 불사하고 아버지의 원수를 갚을 것이냐를 갈등하던 모습에서 이 점이 여실히 드러난다.

또한 자라면서 모욕, 학대, 수치심을 겪은 이들은 권위와 권력에 도전하는 방식으로 자존감을 높이려 든다. 정의나 의리, 정당성을 옹호하여 얻는 안전감과 도덕적 청렴성이 이들에게 큰 위안을 주기 때문이다. 약자를 위해 싸우는 행동 역시 억압당했던 시절의 상처를 회복하는 방법 중 하나다.

햄릿은 억울하게 죽은 아버지를 대신해 최고 권력자인 클로디어스왕에게 도전했다. 그렇지 않으면 우울과 고독, 증오와 의심 같은 부정적인 감정에서 빠져나올 길이 없다는 것을 알았기 때문이다.

게다가 새아버지를 처단함으로써 아버지의 복수도 하고, 어머니를 징벌할 수 있으니 햄릿에게 피할 수 없는 도전인 셈이다.

왕이 독살당하는 연극을 공연한 날, 거트루드왕비는 햄릿을 따로 부른다. 그때 햄릿이 허공에 있는 무언가와 대화하는 것을 보고는 깜짝 놀란다. 허공에는 아무것도 없었기 때문이다. 햄릿이 본 아버지의 유령은 과연 망상이었을까. 만약 이 모든 비극이 단순히 햄릿의 망상에서 비롯된 것이라면 이 이야기는 다음과 같은 사건이 된다. 아버지의 죽음과 어머니의 재혼에 연타로 충격 받은 청년이 현실을 받아들일 수 없어 아버지의 유령이라는 망상에 빠져 모두를 죽음으로 몰아넣은 사건 말이다.

편집성 성격에서 보이는 의심, 긴장, 불안에 현실검증력이 무너지면 망상을 겪을 수도 있다. 망상의 사전적 의미는 '잘못된 판단'이다. 병적으로 생긴 사고의 이상으로 비합리적이고도 비현실적인 내용을 굳게 믿게 되는 것이다.

오늘날에도 망상에 사로잡혀 현실을 바로 보지 않는 사람들이 있다. 바로 피해망상을 겪는 사람들이다. 피해망상은 말 그대로 누군가가 자기에게 피해를 주고 있다고 믿는 잘못된 상상이다. 피해망상을 겪는 사람들은 자신이 괴롭힘을 당하고 있다고 생각한다. 항상 누군가가 자신을 미행하거나 도청하고 있다고 주장하며, 사고를 위장하고, 음식에 독을 넣어 자신에게 위해를 가할 수 있다고 생각한다. 그래서 일상생활이나 대인관계에도 큰 어려움을 겪는다.

이들의 망상에는 나름 논리와 체계가 있다. 그래서 주변인들이 초기에는 이상한 점을 눈치 채기 힘들다. 그러나 상태가 악화되면 망상은 점점 비논리적이고 비현실적으로 변한다. 이쯤 되면 이들에게 논리로 맞서는 것은 거의 불가능하므로 전문의와 상담한 후, 심리치료와 약물치료를 병행해야 한다.

햄릿은 과연 이와 같은 피해망상에 빠진 인물이었을까? 아니면 실로 위대한 복수극을 감행한 용기 있는 인물이었을까? 분명한 것은 햄릿이 아버지의 유령이 전한 사건대로 연극을 올렸을 때, 클로디어스 왕이 사색이 되어 햄릿을 죽이려 했다는 것이다. 그 모습으로 보아 햄릿이 그저 망상에 빠져 새아버지를 해치려고 한 것은 아닐지도 모른다. 그러나 햄릿에게 보이는 편집성 성격 역시 부정할 수는 없다. 햄릿의 복수를 눈치 챈 클로디어스 왕이 그를 죽이려든 것은 맞지만, 햄릿 역시 의심이 과하게 많은 성격과 적개심과 복수심으로 가득 차 아버지의 유령까지 보는 등 편집성 성격의 측면을 상당 부분 지녔기 때문이다.

주인공으로 살고 싶어 타인을 연기하는 사람들

─── 히스테리적(연극성) 성격과 연극성 인격장애 ───

젊은 날의 영광을 잊지 못한
엄마가 그린 가족 잔혹사

《유리 동물원》

"엄마, 나는 그냥 절름발이일 뿐이에요."
"그런 말을 하면 안 돼!
 아무래도 너는 좀 더 명랑해져야겠구나."

그것은 로라를 위한 말일지 모르지만.
로라는 자신의 결함을 인정하지 않는 엄마가 숨 막혔다.

●　　　　　　　　　　　　　　　　　　빈민촌에 있는
윙필드가의 아파트에 한 가족이 살고 있다. 어머니(아만다)는 항상 오지
않는 손님을 기다리고, 다리가 불편한 딸(로라)은 바깥 세상에 적응을 못
해 학교도 그만두고 집에서 유리 조각품을 수집한다. 아들(톰)은 생계비
를 벌기 위해 작가의 꿈을 버리고 창고에서 일한다. 아버지는 이미 16년
전에 꿈을 찾아 집을 나갔다. 어머니는 남편의 부재에 대한 보상 심리로
심한 히스테리를 부려 댄다. 아이들의 진로부터 사소한 생활습관까지 짜
증과 잔소리로 통제한다.

　매일 밤 영화를 보러 나가는 아들에게 어머니는 달콤한 제안을 한다. 집
안의 생계비는 물론, 누나 로라까지 책임질 남자만 구하면 꿈을 찾아 떠나
도 좋다는 것이다. 아들은 고심 끝에 창고에서 함께 일하는 남자, 짐을 저녁
식사에 초대한다. 그는 우연하게도 로라의 고등학교 동창이자 짝사랑했던
인물이다.

　둘은 오랜만에 재회하여 이야기를 나누고, 짐은 로라의 소심한 성격과 남
을 의식하는 것(자의식 과잉), 폐쇄적인 인간관계 등을 지적하며 열등감을 버
리라고 조언한다. 자신도 한때는 열등의식에 사로잡혔지만 이제 좋아하는
일을 찾아 괜찮다며, 로라에게도 좋아하는 일이 있는지 물어본다. 로라는
유리로 만든 동물 조각을 모으는 걸 좋아한다며 유니콘 조각을 보여 준다.

　짐은 로라에게 호감을 느껴 춤을 권하고, 둘은 집안에서 춤을 추다 그만

식탁에 부딪친다. 그 충격으로 선반 위에 있던 유니콘 조각이 떨어져 뿔이 깨져 버린다. 짐은 진심으로 미안해하는데, 로라는 괜찮다고 한다. 뿔이 달린 유니콘은 독특한 외모 때문에 쓸쓸할 수밖에 없는 운명이라 자신을 닮은 것 같았는데 *이제 뿔이 없어졌으니 다른 말들과 똑같아졌다며 말이다.*

짐은 로라에게 아름다움을 느끼며 키스를 한다. 로라가 기대감을 갖자 짐은 이내 어색해하며 자신은 약혼녀가 있다고 털어놓는다. 로라는 서운한 감정을 숨기며 기념품으로 뿔이 떨어진 유니콘 조각을 건넨다.

로라가 새로운 남자를 만나기만을 고대한 어머니는 짐의 약혼녀 소식을 듣고 톰에게 화를 낸다. 꿈까지 포기하며 지겨운 창고일과 어머니의 히스테리를 묵묵히 견뎌 온 톰은 그만 집을 나가고 만다. 그러나 오랜 시간이 지나도 로라에 대한 죄책감과 그리움을 떨치지는 못한다.

유리로 만든 동물처럼,
위태로운 가족의 이야기
/

테네시 윌리엄스의 《유리 동물원The Glass Menagerie》은 미국의 경제 대공황 시기를 배경으로, 한 가족이 무너져 가는 과정을 회상하는 형식의 희곡이다. 테네시는 연극 회사에 소속되어 쓴 단편 중 하나를 희곡으로 만들어 무대에 올리는데, 그것이 바로 이 작품이다. 1944년 시카고에서 처음 공연된 이 작품은 인기를 얻어 훗날 브로드웨이까지 오른다. 테네시는 이후 연극 작가로 활발한 활동을 밟게 된다.

작품 속 인물이자 극을 이끌어 가는 화자 '톰 윙필드'는 저자인 테네시 윌리엄스와 비슷한 부분이 많다. 톰이 글과 영화를 좋아하지만 생계를 위해 창고에서 일하다 꿈을 이루고자 집을 떠난 것처럼, 테네시 윌리엄스는 경제 악화로 다니던 대학을 그만두고 공장에서 일하며 좌절감을 겪다 나중에 연극학을 전공하며 꿈을 이룬다.

이뿐만 아니라 다리를 절뚝이는 누나 로라처럼, 테네시에게도 조현병으로 고통받는 누나가 있었다. 테네시 역시 톰처럼 오랫동안 누나에 대한 안타까움을 품고 있었던 듯하다. 《유리 동물원》에는 작가의 자전적 요소가 집약된 톰이라는 인물과 함께, 히스테릭한 어머니로 인해 유리처럼 깨지기 쉬운 멘탈을 지닌 로라의 위태로운 이야기가 그려진다.

"자, 봐요. 유리 조각들이 얼마나 아름다운지. 그리고 얼마나 쉽게
부서지는지….."

감출 수 없는 무대 위의 공허,
무너진 가족애

/

무대는 단출하다. 소파 겸 침대, 탁자와 의자, 타자기, 선반 위에
진열된 유리 동물 조각들, 그리고 식탁. 윙필드가의 이 허름한 아
파트에는 하나가 없다. 바로 '아버지'다. 아주 오래 전 가정을 버리
고 꿈과 환상을 쫓은 아버지의 빈자리는 고스란히 어머니의 책임
으로 돌아갔다.

어머니는 아버지가 없이도 아이들을 잘 키워야 한다는 압박감에
점점 히스테리적으로 변해갔다. 어머니는 필요 이상으로 아이들을
통제하려고 들고, 매사 짜증 섞인 잔소리와 독선적인 태도로 대했
다. 아이들은 위축되었고, 자신의 의지 없이 어머니에게 조종당하
는 삶을 살았다.

그러나 이런 어머니에게도 한때 화려한 미모로 동네 청년들의
인기를 끌던 찬란한 시절이 있었다. 사랑받는 것이 당연했고, 수선

화를 좋아했던 아가씨는 한 청년에게 반해 결혼을 했다. 아이를 낳고 영원히 행복할 것만 같았던 결혼 생활이 불행해지는 것은 한순간이었다. 이제는 서로에게 짐만 된다.

어머니는 스스로 희생해서 아이를 키우니, 아이들이 무조건 자기의 말을 따라야 한다고 생각한다. 아이들은 나름대로 어머니의 잔소리와 요구를 따르는데도 적절한 보상 없이 히스테리가 계속되니 두렵고 힘들기만 하다.

가족을 위해 어머니는 여자의 삶을 내놓았고, 아이들은 자신의 꿈과 희망을 내놓았는데 나아지는 것은 하나 없다. 그저 서로에 대한 불만만 쌓여 갈 뿐이다. 희생과 사랑은 서로에게 닿지 않으며, 가족의 와해되는 사랑을 무대 한쪽 면에 걸린 아버지의 사진이 지켜보고 있다.

어머니는 자신의 가족을 구원해줄 '신사 손님'을 기다린다. 장애가 있는 딸 로라를 평생 보살펴 주고 가족의 생계비를 책임질 보호자를. 매번 오지 않는 손님을 기다리는 어머니를 못마땅해하는 아들과, 장애 때문에 누구도 오지 않을 거라 직감하는 딸의 모습에서 세 가족의 갈등을 엿볼 수 있다.

"이제 번개가 세상을 밝혀 주고 있잖아요. 그러니 로라, 이제 누나의 촛불은 꺼도 돼요."

/

　로라는 신체적인 결함과 내성적인 성격 때문에 많은 것을 포기했다. 불편한 다리로 계단을 오르내릴 때 쿵쿵 소리가 나는 게 신경 쓰여 학교도 자퇴하고, 시험에 대한 압박감으로 타자 학원에도 적응하지 못하고 그만둬 버렸다. 그녀는 이미 결함이 있으므로, 새로이 다가올 실패라는 이름의 또 다른 결함을 받아들이기 두려워 아예 바깥 세상을 차단해버린다.

　그런 로라가 처음이자 마지막으로 스스로 무언가를 시도한 적이 있었다. 바로 신사 손님 '짐'이 집으로 찾아왔을 때다. 짐은 로라를 위한 맞춤형 심리상담가처럼 열등감과 강한 자의식을 버리고 자신감을 가지라며, 춤을 추자고 권한다. 로라는 손사래 치지만 짐이 두려워하지 말고 도전해보라고 용기를 준다. 로라는 춤을 시도해본다. 일단 음악과 춤에 몸을 맡기자 로라는 엄청난 해방감과 자유를 느낀다. 춤을 추다 자신이 아끼던 유리 동물 조각이 깨졌는데도 상심하지 않는다. 무엇이 유리 같았던 로라의 마음을 이만큼 단단하게 만들었을까?

　여전히 로라의 다리는 불편하다. 그렇다면 로라의 열등감은 다리 때문이 아니라는 소리다. 로라는 자신의 수집품 중에서도 유니콘 모양의 유리 조각을 특별하게 여겼다. 머리 위에 난 뿔 때문에 특이

한 외형을 지녀 보통 말들과는 확연히 구분되기 때문이다. 마치 다리가 불편해 일반 사람들과 같을 수 없는 자신과 닮아서였을까.

로라는 유니콘의 뿔이 떨어져 나갔을 때, 이제야 유니콘이 다른 말들과 같은 모습이 되었다며 오히려 좋아한다. 이때 로라에게 달라진 것은 다리가 아니다. 춤을 추자는 권유에 주체적으로 응한 것만이 달라졌을 뿐이다. 이 대목에서 로라의 열등감이 장애 때문이 아니라 어머니의 히스테리로 인한 주체성 없는 삶과 소심한 마음 때문임을 알 수 있다.

하지만 자유로움도 잠시, 짐이 떠나자 로라는 예전으로 되돌아온다. 톰이 집을 나가고 나서 이제 어머니 곁을 지킬 사람은 자신밖에 없다는 현실을 인정해야 하기 때문이다. 잠시나마 보통 사람들의 환상과 자유를 맛본 로라는 다시 윙필드가의 허름한 아파트에서 어머니의 히스테리와 자신의 장애를 떠안고 살아간다.

현실 부적응자 엄마가 만든 유리 동물원

[아만다의 히스테리적(연극성) 성격]

/

흔히 까다롭고 신경질적인 사람들에게 히스테릭하다는 표현을 쓴다. 아주 틀린 말은 아니다. 실제로 히스테리적 성격을 지닌 사람들은 정서 불안에 시달리거나 감정기복이 심해 과민한 경우가 많기 때문이다. 이랬다저랬다 하는 성격 때문에 대인 관계도 원만하지 않고, 타인의 관심과 애정에 목말라해 어딜 가나 주목받기를 좋아하는 어린아이 같은 구석도 있다.

또한 예민한 감각과 감수성을 지녀 창조적인 재능이 있는 편이다. 인위적이고 과장된 감정 표현을 주로 사용하는 탓에 '연극성 성격'이라고도 불린다.

'히스테리'라는 단어가 '자궁'을 의미하는 고대 그리스어 히스테라Hystera에서 유래된 것만 보아도 알 수 있듯이, 여성들에게서 주로 나타난다. 드물게 남성에게도 이러한 성격이 발견되기도 하며, 일찍이 프로이트 역시 남성 히스테리에 관해 연구한 바도 있으므로, 히스테리가 반드시 여성에게만 국한되지는 않음을 미리 밝혀둔다.

히스테리는 어떻게 일어나는 것일까. 정신의학자 프로이트는 히스테리가 주로 여성성(혹은 남성성)에 상처를 입었을 때 발생한다고 보았다. 예를 들면, 어머니의 사랑을 못 받고 자란 여자아이는 같은 성별을 지닌 어머니에 대한 미움과, 여전히 어머니에게 사랑받고 싶은 욕망 사이에서 갈등하게 된다. 그러다 이에 대한 보상심리로, 자신과 반대되는 성별인 아버지에게 관심과 애정을 채우려는 과정에서 이성을 선망하게 되고, 동성을 평가 절하하는 태도를 지닌다.

또 다른 예도 있다. 바로 부모 간 힘의 밸런스가 불균형한 경우다. 예를 들어 한 집에서 어머니는 항상 결정권 없이 물러나 있고 아버지는 폭군처럼 막강한 권력을 휘두른다면, 거기서 자라는 딸은 여성성과 정체성에 대해 큰 혼란을 겪는다. 같은 성별의 어머니가 약하고 능력 없는 모습을 보이면, 그 성별에 대한 존중감이 떨어지고 반대 성별을 동경하게 되기 때문이다.

이렇게 성별의 차이로 히스테리를 갖게 된 경우 특이한 성적 고정관념이 생길 수 있다. 또한 이것은 이들이 양육자가 되었을 때 또 다른 문제점을 낳는다. 바로 아이의 특성은 고려하지 않고 자신의 성적 고정관념(예를 들면 남자들은 권력이 있고 좀 이기적이어도 된다는 것, 여자들은 착하고 무능하므로 자립할 수 없다는 사고방식)에 따라 키워서, 아이들이 수동적인 사람으로 자라게 되는 것이다. 아이들은 양육자가 요구한 모습을 만들기 위해 강한 자의식을 지니며 다른 사람의 시선에 과민해진다.

《유리 동물원》의 극중 인물인 아만다(어머니)는 남편의 부재라는 큰 상실을 겪고, 감정을 추스를 새도 없이 아이들을 도맡아 키워야 했다. 그녀는 어떻게든 아이들을 잘 키우려고 했지만 현실은 녹록치 않았다. 1930년대 미국은 대공황으로 경제 사정이 나빴고, 기혼 여성들은 거의 직장에서 해고당하는 분위기였다. 남성들의 일자리도 부족하다는 이유로 여성들은 고용되는 일이 드물었다. 이러한 현실 때문에 아만다는 자신의 여성성에 한계를 느끼면서 히스테리적 성격까지 얻게 되었다.

또한 자신이 설계한 대로 아이들을 기르기 위해서 잔소리와 짜증, 간섭을 일삼으면서도 그것이 잘못된 줄 몰랐다. 아만다 역시 성적 고정관념에 따라 아들 톰에게는 생계를 위해 창고에서 일하라고 시켰고, 딸 로라에게는 좋은 남자에게 시집을 가기 위해 항상 어리고 예쁜 모습으로 있으라고 요구했다.

한편 히스테리적 성격을 가진 사람들은 의외로 약자들을 잘 보살핀다. 약자를 위험에서 구조함으로써 자기 내면의 약한 모습 또한 치유할 수 있기 때문이다. 이것을 '역할 역전'이라고 한다. 극중 아만다가 장애가 있는 로라에게 신사 손님을 짝지어 주려 애쓰는 것은 바로 남편을 잃은 자신의 상실감을 치유하기 위한 한 방법인 셈으로 볼 수 있다.

착한 게 아니에요, 착한 아이 컴플렉스

똑같은 어머니 밑에서 자랐는데도 아들 톰과 딸 로라는 서로 다르다. 톰은 자신이 생계비를 벌어야 한다는 사실을 인정하고 낮에는 창고에서 일한다. 그러나 자신의 창작 욕구를 완전히 포기하지 않고 밤에 원고를 쓰거나 영화관에 가는 등 예술에 대한 끈을 놓지 않는다. 현실과 이상 사이에 절충안을 마련해가며 그 역시 언젠가는 아버지처럼 세상 밖으로 떠날 준비를 하고 있다.

반면 로라는 세상을 피해 집 안으로 숨었다. 소심한 성격과 장애로 인한 열등감 때문에 타인의 시선을 지나치게 의식하고, 인간관계에서도 자신감이 부족해 외부를 아예 차단시켜 버렸다. 그녀가 유일하게 하는 일은 유리 동물 조각을 닦아 진열해놓거나, 창문으로 사람을 구경하는 일, 또는 낡은 축음기로 음악을 듣는 일뿐이다. 게다가 이것은 공황기에 아무 생산성 없는 일이라 인정을 받지 못한다.

이들의 성격은 극 중 설정에서도 찾아볼 수 있다. 무대 위 탁자에는 톰이 써내려 간 원고 몇 장과 로라의 타자기가 놓여 있는데, 이는 톰은 자신의 생각을 능동적으로 쓰는 주체이며 로라는 남의 생각을 수동적으로 받아 적는 객체임을 알려 준다. 결국 주체인 톰은 새로운 세계로 나아가지만, 객체인 로라는 어머니 곁에 남았다. 자립할 능력이 없기 때문이다.

로라와 톰은 어머니의 '착한' 아이들이다. 아만다가 집안의 경제에 대해 하소연하거나, 자신이 원하는 성공을 아이들에게 강요하면서 아이들은 '착하게' 변해 갔다. 아만다는 혼자 아이들을 기르는 스트레스를 잔소리와 짜증, 히스테리로 풀어냈다. 그렇게 아이들은 '착한' 감정 쓰레기통이 되어 갔다.

　이미 아버지에게 버림받은 아이들은 어머니의 말을 듣지 않으면 또다시 버림받을 것이라는 유기 공포에 질려 있었을 것이다. 그래서 어머니의 요구가 아무리 무리한 것이어도 아이들은 무조건 따르려고 한다. 이렇게 자신의 욕구보다는 어머니가 정해준 기준을 따라가면서 '착하게' 살아야 인정받는다는 것을 학습하게 되어, 예쁨을 받기 위해서 눈치를 보고 잘못된 것에 싫은 소리도 못하게 되는 것이다.

　이러한 특성이 아이들이 커서까지 남으면 자신을 드러내지 못하고, 남의 비위를 맞춰 주느라 거절이나 반대를 못하는 어른이 된다. 이른바 착한 아이 콤플렉스에 빠지는 것이다. 그러느라 위축된 내면은 우울과 불안으로 가득 찬다. 겉으로는 과장되게 활발하고 착한 사람을 연기하므로 내면의 혼란을 겪게 된다.

　착한 아이 콤플렉스는 열등감이 심한 부모로 인한 경우가 많다. 부모는 자신의 모자란 점을 아이들을 통해 채우려 하기 때문에 아이들에게 요구도 많고 성공 기준 또한 높다. 또한 열등감이 심하면 남을 향한 배려도 손해로 보기 때문에 베푼 만큼 반드시 되돌려 받으려 하기 쉽다. 이것은 부모와 자식 간에도 예외 없이 적용되어, 열등감이 많은 부모는 양육의 대가로 아이들에게 무언가를 계속 바란다.

그러나 아이들은 부모의 소유물이 아니다. 자녀도 각각의 주체라는 사실을 기억하자. 어리고 약한 존재라고 해서 자신의 생각까지 없는 것은 아니니 말이다. 유리 동물원에 갇힌 채 바깥 창만 바라보던 로라 역시 그러했을 것이다.

억압된 여성성의 두 얼굴을 보다

《욕망이라는 이름의 전차》

"스텔라, 왜 이렇게 살이 쪘어?

　　옷도 지저분하고. 머리도 좀 다듬어야겠다."

블랑쉬는 오랜만에 재회한 동생에게 다그쳤다.
돈 한 푼 없이 동생 집에 얹혀살러 온 처지 따위는
깡그리 잊어버린 듯한 얼굴로.

●　　　　　　　　　　　　　　　　뉴올리언스의 뒷골목,
'욕망'이라는 이름의 전차를 타고 블랑쉬 듀보아가 찾아온다. 블랑쉬는 미
시시피의 로렐 지역에서 교사로 일하다 남학생과의 추문으로 직업을 잃
었다. 게다가 농장의 지주인 부모님이 물려준 '벨 리브'라는 집을 혼자 관
리하다 역병으로 주변인을 모두 잃고, 장례비용을 감당하지 못해 집까지
저당 잡힌 상태다. 경제적으로, 심리적으로 파탄이 난 블랑쉬는 오래 전
집을 떠난 여동생 스텔라를 찾아온 것이다.

　하지만 스텔라의 집에 도착하고 나서도 블랑쉬의 마음은 편할 길이 없
다. 스텔라의 남편 스탠리와 끊임없이 갈등을 겪기 때문이다. 친구들과 술
을 마시며 포커 게임을 하는 난폭한 스탠리, 그는 아내 스텔라의 애정을 독
차지하며 곧 아버지가 되기를 고대하던 차에 불쑥 나타난 블랑쉬를 몹시 싫
어한다. 스탠리는 재산 한 푼 보전하지 못했으면서 화려한 치장에 몰두하는
그녀가 매우 못마땅하다. 날이 갈수록 스탠리는 블랑쉬에 예민해지며 폭력
적인 성향을 드러낸다.

　당연하게도, 히스테리가 심하고 가식적이고 아직 부유했던 옛 시절의 허
영을 안고 사는 블랑쉬와, 폴란드 이민 가정에서 태어난 퇴역 군인이자 마
초적인 스탠리는 그야말로 상극이다. 스탠리는 블랑쉬만 없으면 모든 것이
나아지리라 생각한다. 그는 블랑쉬의 남자 문제를 뒷조사해, 잘돼가고 있
었던 미치(스탠리의 친구)와 블랑쉬의 애정 관계를 갈라놓는다.

블랑쉬는 슬픔을 이기기 위해 술을 마시고, 만삭의 스텔라가 분만하러 병원에 간 사이 스탠리와 마주치게 된다. 블랑쉬는 초라한 자신의 현실을 감추기 위해 거짓말을 늘어놓는다. 그런 블랑쉬를 스탠리는 극으로 몰아붙인다. 블랑쉬는 점점 심해지는 히스테리와 망상으로 결국 정신병원으로 보내진다. 정신병원으로 가는 줄도 모르고 나서는 블랑쉬의 뒷모습을 보고 스텔라는 동정심과 죄책감으로 괴로워하고, 미치 또한 흐느껴 운다.

그러나 블랑쉬가 떠난 집에는 다시 일상이 찾아오고, 마치 아무 일도 없었다는 듯이 포커 게임이 시작된다.

극작가 테네시 윌리엄스,
욕망이라는 이름의 전차를 타다
/

1947년에 발표된 《욕망이라는 이름의 전차A Streetcar Named Desire》라는 작품은 극작가 테네시 윌리엄스를 미국 연극계의 간판스타로 만들어 주었다. 그는 이 작품으로 이듬해 퓰리처상을 수상하여 작품성을 인정받았으며, 연극을 바탕으로 만든 동명의 영화가 크게 흥행하면서 대중성까지 거머쥔 세계적인 작가로 발돋움한다. 영화에서 블랑쉬는 당대 최고 스타 비비안 리가 맡았으며, 스탠리는 떠오르는 신성이었던 말론 블란도가 연기했다. 고전적이고 연극적인 비비안 리의 연기와, '메소드 기법'이라는 연기의 한 장르를 연 말론 블란도의 열연은 이 작품의 강렬함을 더욱 두드러지게 만들었다.

극 중 블랑쉬가 타고 온 '욕망'이라는 이름의 전차는 뉴올리언스에 실제로 있던 전차 터미널 이름이다. 그녀는 '욕망'이라는 전차를 타고 '묘지'선으로 갈아타 '천국'이라는 역에서 하차한다. 그녀가 거쳐 온 역의 이름들이 인간 삶의 흐름을 상징한다.

앞서 살펴본 《유리 동물원》도 그랬듯이 테네시의 작품은 주로 가족 간의 불화와 갈등, 대비되는 성 역할, 결핍된 인간관계를 담고 있다. 이 외에도 또 한 가지 주목해서 볼 점은 테네시 윌리엄스의 작품에 드러난 여성관이다.

그의 작품 안에서 여성은 언제나 핸디캡을 가지며, 무력하고 환상을 쫓는 것으로 그려진다. 삶의 주체가 아닌 객체로서 항상 자신을 구해줄 누군가를 기다린다. 《유리 동물원》에서는 신사 손님이었던 '짐'이, 《욕망이라는 이름의 전차》에서는 블랑쉬가 잠시 만난 부자 '셉 한트리'가 그 대상이다.

테네시 윌리엄스는 왜 여성을 수동적이고 무능력한 캐릭터로 그리는 것일까? 작가의 실제 성장 환경을 살펴보면 그 이유를 알 수 있다. 테네시 윌리엄스의 어머니는 알코올 중독으로 일용직을 전전한 아버지 때문에 집안의 생계를 떠안으면서 은연중에 남성성을 부정하는 태도를 보였던 듯하다. 그리고 테네시의 누나는 조현병에 걸려 제대로 일상을 꾸려나갈 수 없었다. 이처럼 강인한 여성과 유약하고 무능력한 여성을 곁에서 지켜보며 테네시는 여성에 대한 이중적인 시각을 지니게 되지 않았을까. 게다가 그는 부모의 뒤바뀐 성 역할에 영향을 받아 마더 콤플렉스까지 얻었으며, 강한 어머니로 인해 실추된 남성성을 회복하고자 동성에 의존하게 된다.

남과 눈도 못 마주칠 정도로 수줍고 소심한 소년이었던 테네시는 작품을 통해서라도 남성이 여성을 구원할 수 있는 존재라고 말하고 싶었을 것이다. 실제로 《유리 동물원》의 아만다(어머니 역할)는 테네시 윌리엄스의 어머니 에드위나를 모델로 한 것이다. 히스테리적이고 강압적인 어머니에게서 벗어나 자유를 찾아 떠나는 아들의 이야기, 꼭 테네시 윌리엄스의 마음을 대변하는 듯하다.

지옥 같은 현실, 욕망의 종착역은 어디인가

/

미국 남부의 대저택 벨 리브Belle Reve. '아름다운 꿈'이라는 뜻을 지닌 이 저택에서 블랑쉬의 기구한 사랑의 역사가 시작된다. 농장 지주의 딸로 모자랄 것 없는 삶을 누리던 블랑쉬는 첫사랑 앨런과의 결혼에 성공한다. 아름다운 외모와 유복한 가정환경, 게다가 첫사랑과의 결혼까지. 모든 것이 완벽하고 행복할 것만 같던 삶은 얼마 안 가 불행으로 얼룩지고 만다. 바로 남편 앨런이 오랫동안 만나온 남성과의 관계를 결혼 후에도 지속하다 블랑쉬에게 들켜 버렸기 때문이다. 블랑쉬는 이 문제를 덮으려 했지만 앨런은 결국 자살을 택한다.

불행은 여기에서 끝나지 않았다. 어느 날 농장에 역병이 돌아 많은 사람들이 죽어 나갔고, 이들의 장례비용을 감당하지 못해 벨 리브를 잃게 된 것이다. 졸지에 과부가 된데다 사랑하는 사람들의 죽음을 지켜봐야 했던 블랑쉬는 상처를 수습하기도 전에 무서운 가난과 마주하게 된다.

연이은 불행과 사고로 인하여 엄청난 고통과 무력감을 홀로 감수해야 했던 블랑쉬. 그녀는 결국 여성으로서 자신의 정체성에 한계를 느끼고 만다. 여자인 자신이 이 모든 사건을 해결하기에는 너무나 무능력하게 느껴졌기 때문이다. 그래서 무의식적으로 '여성'을 '남성'에게 보호받아야 할 존재라고 여긴다. 그리고 그 대가로 '여성은 남성을 기쁘게 해주어야 한다.'는 규칙을 만들어 낸다. 블랑쉬가 젊음과 외모에 집착하는 이유도 같은 맥락에서다. 블랑쉬의 트렁크를 살펴보면 가난한 와중에도 고급 향수, 사치스러운 의상과 액세서리로 가득 차 있다. 외모를 중시하는 히테스리적 성격의 허영과 과시욕이 묘사되는 대목이다. 블랑쉬는 자신의 여성적인 속성이 사라지면 남자에게 선택받지 못할 거라 생각해 밝은 곳을 피하고 나이를 숨긴다. 어리고 예쁜 여성일수록 남성에게 선택받을 가능성이 크다고 여기기 때문이다.

화려한 옛 시절과 초라한 지금 사이에서 괴리감을 느낀 블랑쉬는 자신을 구해줄 남자 '셉 한트리'를 기다린다. 마치 《유리 동물원》의 아만다가 신사 손님을 기다리는 것처럼, 상처 입은 여성성에 대한 보상 심리로 남성에 대한 의존성이 높아진 모습이다.

블랑쉬는 모든 고통을 벨 리브에 남겨 두고 새로운 삶을 찾아 '욕망이라는 이름의 전차'를 타고 뉴올리언즈로 왔다. 하지만, 결국 현실에 적응하지 못하고 환상에 빠져 정신병원으로 보내지고 만다.

"난 진실을 원하지 않아요. 난 마술을 원하죠."

그녀가 남성편력에 빠진 이유
[블랑쉬 듀보아의 심리 분석]

/

상상해보자. 남편은 자살했고, 하루아침에 부모님과 지인들을 잃었으며, 마음을 추스를 새도 없이 빚 때문에 정든 집을 저당 잡힌 여자의 삶을 말이다. 누구라도 고통스러울 것이다. 블랑쉬 또한 다르지 않았다. 블랑쉬는 도저히 감당할 수 없는 고통을 덜어 보려 이 남자, 저 남자 사이를 떠돌다 급기야 미성년자까지 접근해 교사라는 직업도 잃게 된다. 하지만 비극 앞에 누구나 블랑쉬처럼 남자에게만 의존하는 것은 아니다. 그렇다면 블랑쉬 듀보아는 어쩌다 이런 남성편력에 빠지게 되었을까.

블랑쉬는 이미 여러 차례 자신의 여성성이 훼손된 경험이 있다. 그녀는 오래 전에 사별한 남편이 써준 편지를 아직도 품고 다닐 만큼 남편을 깊이 사랑했지만, 남편은 다른 남성과 사랑을 나누었다. 또한 블랑쉬는 가족의 죽음과 가난 앞에서 연약하고 무능력한 자신을 보며 자신의 정체성이자 타고난 본성 '여성성'에 다시 한 번 상처를 입는다.

이처럼 여성으로서 여러 차례 한계를 경험했기 때문에 블랑쉬는 불안과 공허함, 우울감을 떨치고자 정반대의 남성에 의존하려 한다. 블랑쉬에게 있어 남성이란 넘어서야 할 한계점이자 구원자였다. 마치 남편과의 사랑에서 실패 원인이 자신의 여성성 때문이 아니라는 걸 증명하려는 듯이, 블랑쉬는 치명적인 매력을 발산해 갖은 남성들을 유혹한다. 화려한 남성편력을 자랑하며 자신의 여성성을 인정받으려 하고, 스스로 여성성의 한계를 단정 짓고 남성에게 보호받으려는 이중적인 면모를 보인다.

이처럼 섹스어필하려는 태도와 타인의 관심, 인정을 받으려 과하게 노력하는 모습은 연극성 인격장애를 가진 사람들에게도 자주 나타난다. 또한 인간관계에서 과도하게 의식하고 외모를 지나치게 신경 쓰는 것, 마치 연극을 하듯 극적이고 과장된 표현 역시 연극성 인격장애의 특징이다.

(연극성 인격장애는 히스테리적 성격과 비슷한 점이 많다. 하지만 정신분석에서 말하는 히스테리적 성격과 현대 의학에서 다루는 연극성 인격장애는 완전히 동일한 개념으로 사용되는 것은 아니다. 프로이트가 연구한 '히스테리'는 워낙에 광범위한 개념이어서 현대 의학에서 히스테리의 특징들을 여러 질환으로 분류해 놓았기 때문이다.)

다시 히스테리적 성격으로 인물을 살펴보자면, 블랑쉬는 예민하고 짜증이 많다. 이것은 성 정체감에 상처를 입어 만성적인 불안에 시달리는 히스테리적 성격의 특징과도 같다. 그녀의 히스테리적인 성격은 주변에도 전염된다. 주변 사람들은 블랑쉬의 과장된 행동과 가식적인 말투를 거북해할 뿐만 아니라 감정기복이 심한 블랑쉬의 비위를 맞추느라 스트레스를 받는다. 블랑쉬의 기분이 좋아야 집안이 평화로우므로 의미 없는 칭찬을 하거나 그녀의 자잘한 요구들을 하나하나 들어주느라 힘겨워 한다.

블랑쉬처럼 히스테리적인 사람들은 주변의 분위기에 악영향을 끼친다. 그들은 자기중심적이라 타인의 관심과 애정이 자신에게 집중되지 않으면 불만이나 불안감을 여과 없이 발산한다. 마치 시한폭탄처럼 언제 터질지 모르는 짜증과 예민함을 보여 주변 사람들을 초조하게 만든다.

모든 것이 자신 위주로 돌아가야 직성이 풀리므로 다른 사람에게 요구하는 것 또한 많다. 따라서 히스테리적 성격을 가진 사람들은 타인을 조종하거나 통제하려는 이미지를 풍기기도 한다. 하지만, 실제로 그들에겐 어린아이 같은 모습이 더 많다.

이러한 모습은 간혹 자기애성 성격이나 반사회성 성격과 비슷하다는 느낌도 준다. 히스테리와 자기애는 다른 사람의 관심을 갈구하며 자기중심적이나 자존감이 낮다는 공통점이 있다. 하지만, 히스테리적 성격은 자존감의 결여가 성 정체감이나 성 역할의 한계에 특정되는데 비해 자기애성 성격은 한층 더 너른 영역에서 나타난다.

한편 심한 히스테리적 성격이 보여 주는 공격성은 반사회적인 심리 양상과도 비슷해 보이기도 한다. 실제로 심리학자 리처드 워너Richard Warner는 이 둘을 본질적으로 동일한 성격이라고 주장하기도 했다. 그러나 이 두 정서적인 특징은 큰 차이가 있다. 반사회성 성격의 사람들은 일반 사람들이 느끼는 정서를 이해하지 못하고 나약하거나 한심한 것으로 평가 절하하는 반면, 히스테리적 성격의 사람들은 자신의 정서를 확실히 표현할 줄 알고 불안 요소가 없을 때는 사랑스럽고 친근하기까지 하다.

이처럼 히스테리적인 사람들은 아이들의 따뜻하고 상냥한 모습도 있지만 어른에게 꾸중을 들어 불안과 두려움에 떠는 아이의 모습을 더욱 많이 가지고 있다. 이것은 히스테리적 성격이 만들어지는 배경에 있는 성 정체감에 대한 상처와 연관 있다. 이들은 보통 권력이 있거나 강압적인 상대에 취약하다. 바로 자신의 성 정체성을 억압하여 불안감을 키운 존재, 즉 히스테리의 근원을 연상시키기 때문이다. 그래서 히스테리적인 사람들은 누군가에게 지배받거나 거절당하는 것을 못 견뎌 한다. 이러한 상황을 피하기 위해 역으로 자신이 무해하다는 사실을 알리려 들기도 한다. 혹은 자신이 그토록 두려워하는 권력자의 모습을 빌어 다른 사람의 지배에서 벗어나려는 경우도 있다. 이럴 때는 남을 통제하거나 조종하려는 모습을 보이는데, 남을 제압하는 목적이 아니라 단순히 자신을 방어하기 위한 선제공격일 뿐이라는 점에 유의하자.

극 중에서 블랑쉬는 유독 스탠리에게 방어적인 태도를 보인다. 직선적이고 거친 말과 행동을 하는 스탠리가 언제라도 자신을 공격할 것처럼 보이기 때문이다. 아니나 다를까 스탠리는 블랑쉬의 뒷조사를 하여 남자관계에 대해 꼬투리를 잡고, 자신의 집에서 나가라고 압박한다. 블랑쉬는 스탠리의 끈질긴 공격을 이겨 내지 못하고 굴복당하고 만다. 이 대목에서 유독 위압적이고 강한 상대 앞에서 약해지는 히스테리적 성격의 특징이 드러난다.

"난 항상 낯선 사람들의 친절에 기대곤 했죠."

유독 여성에게 많은 히스테리,
자존감으로 치유하기

/

정신분석학자 낸시 맥윌리엄스Nancy McWilliams에 따르면, 일반 문화권에서는 남성이 여성보다 더 많은 권력을 가지는 부계 중심 사회가 보편적이라고 한다. 이러한 경우 상대적으로 여자아이들이 성 정체성에 상처를 입고 자랄 가능성이 높다. 아버지의 힘이 월등한 집안에서 무력한 어머니를 보고 자란 여자아이가 무의식적으로 여성은 무능하고 약하다고 생각하며 남성에 힘과 권력이 집중된다고 여길 수 있기 때문이다. 이렇게 억압된 성 정체성은 히스테리적 성격을 만드는 주요 원인이 된다.

이들은 엄격하고 강압적인 권력자에게 지배당하며 살아왔기 때문에 예민하고 짜증이 많은 성격을 지니게 된다. 한편 반대 성의 관심, 인정을 얻기 위하여 과장되고 연극적인 표현을 자주 하므로 겉보기에 상냥하고 사랑스러운 모습 또한 있다. 히스테리의 대명사인 짜증과 과민함, 그리고 들쑥날쑥한 감정기복은 여기서 유래한 것이다.

히스테리적 성격의 단점을 메우기 위해서는 자기 존중감이 필요하다. 외모나 성적인 매력 이외에도 자존감을 높여 주는 다른 영역이 있다는 것을 알려 주어야 한다. 자신을 다른 사람으로 꾸며 내지 않아도 사랑받을 수 있다는 믿음을 주어 솔직하게 자기표현을 하도록 도와야 한다. 이를 위해 어린아이에게 외모 칭찬이나 비난은 자제하고, 재능과 능력에 대해 칭찬을 하는 편이 좋다. 성 역할에 한계를 줄 수 있는 말 또한 하지 않아야 한다.

CHAPTER
02

나는 나를
가둘 권리가 있다

소설 속 인물로 만나는
분열성, 해리성, 강박성 성격

세상을 거부하고 자기 세계에서 살고 싶은 사람들

—— 분열성 성격 ——

위기에 처할 때마다
나를 구해내는 또 다른 내가 있다면?

《데미안》

데미안은 어디에도 없다가도,
또한 어디에나 있었다.

● 　　　　　　　　　　　　　　　　　싱클레어는 어려서부터

자신의 주변에는 서로 다른 두 세계가 있다는 것을 알고 있었다. 안정감

있지만 엄격한 규율로 통치되는 *아버지의 세계*와, 무질서하고 저급하나

재미있는 *집 밖의 세계*. 이것은 싱클레어가 어렸을 때 머문 *밝은 세계*와,

자란 뒤 만나게 될 *어두운 세계*의 구도와도 비슷한 것이었다.

　싱클레어가 인생의 친구 '데미안'을 만나게 된 것은 학교에 진학한 이후

다. 또래들보다 훨씬 성숙한 데미안은 싱클레어를 괴롭히던 프란츠 크로머

를 제압하여 그가 다시 밝은 세계로 돌아올 수 있도록 도와준다. 둘은 절친

한 사이가 되었으나, 곧 상급학교로 진학하며 서로를 떠났다.

　데미안 없이 사춘기를 나게 된 싱클레어는 폭력, 반항심, 성적 호기심 등

에 사로잡혀 점점 어두운 세계로 빠져들었다. 그러나 길거리에서 우연히 마

주친 아름다운 여자를 사랑하게 되면서 다시 밝은 세계로 돌아가려고 노력

한다. 싱클레어는 이름 모를 여인에게 '베아트리체'라는 이름을 붙여 준다.

희미한 기억을 더듬어 그녀의 얼굴을 초상화로 그린다. 그림을 완성한 후,

싱클레어는 *그녀의 얼굴이 놀랍게도 데미안과 많이 닮았다는 걸 깨닫는다.*

싱클레어가 어두운 세계로 빠지려 할 때마다 나타나 밝은 세계의 기억을 상기

시켜 주는 데미안.

　그 후로도 싱클레어는 음악가 피스토리우스, 데미안의 어머니 에바 부인

등을 만나며 진리와 사랑을 깨우친다. 데미안과도 재회하여 즐거운 나날을

함께하던 그때, 전쟁이 발발하여 두 친구는 각각 전쟁터로 차출되어 또다시 헤어진다.

어느 날, 부상을 당해 기절한 싱클레어가 야전병원으로 실려 오고, 다시 정신을 차렸을 때 자신의 옆에 데미안이 함께 누워 있는 것을 본다. 데미안은 싱클레어에게 에바 부인을 대신하여 마지막 키스를 해주며, 앞으로는 자신이 직접 찾아올 수 없으니, 언제든 자신이 필요한 순간에는 내면에 집중하라고 일러 준다.

문득 자신을 이끌어 주던 친구의 빈자리를 느끼는 날이면 싱클레어는 내면 깊숙이 자리한 방 안으로 들어간다. 그곳에는 어두운 거울이 하나 있는데, 이상하게도 그 속에는 싱클레어 자신이 아닌 데미안의 얼굴이 비춰진다.

헤르만 헤세와 정신과 의사
칼 융의 흥미로운 만남

/

　헤르만 헤세의 작품에는 철학과 종교, 사상과 예술, 그리고 심리와 문화가 녹아들어 있다. 신학자 집안에서 태어나 종교와 철학을 끊임없이 탐구하는 것이 삶의 목표로 자연스럽게 자리한 것이다. 그래서인지 그의 작품은 소설이라기보다는 마치 인문학 서적 같다. 특히 진정한 자아를 찾아 떠나는 주인공들의 심리와 갈등에 대한 묘사는 심리학 사례집에 견줄 만큼 섬세하고 구체적이다.

　사실 헤르만 헤세는 저명한 정신분석의 칼 구스타프 융과도 특별한 인연이 있다. 신학교를 그만두고 서점에서 일하며 글을 쓰던 헤르만 헤세는 독일 문단에서 서서히 주목받을 무렵, 연상의 피아니스트와 결혼했다. 그러나 결혼생활은 그리 평탄치 못했다. 아내의 조현병(정신분열증)이 발병한데다 아이들마저 심약해 잦은 병치레에 시달렸기 때문이다. 또한 전쟁 중 '평화'만 외치던 헤르만 헤세를 향해 조국 독일의 언론은 '배신자'라고 혹평했다. 그의 작품이 판매 금지되자 헤르만 헤세는 연이은 불행들을 이겨내지 못하고 결국 정신과 치료를 받았는데, 그때 담당의가 칼 구스타프 융이었다.

　헤르만 헤세는 융에게 정신 분석을 받으며 마음의 안정을 얻고 창작 활동에 영감을 받았다. 실제로 융을 만난 후, 헤세는 흥미로운 꿈을 하나 꾸었다. 그리고 그것을 소재로 장편 소설을 집필한다. 그 작품이 바로 《데미안Demian》이었다.

《데미안》은 소년 싱클레어가 내면을 성찰해 진정한 자아를 찾는 과정을 그린 성장 소설로, 전쟁의 광기가 채 가시지 않은 1919년에 출간되었다. 전쟁이 남기고 간 절망과 허무에 염증을 느끼던 독일 청년들에게, 기존의 세계를 파괴하고 새로운 세계로 나아가자고 말하는 이 소설은 큰 위로이자 희망이 되었다.

시대와 성별을 초월한 여러 얼굴을 가진 데미안. 그는 베아트리체, 에바 부인, 그리고 피스토리우스의 모습을 하고 싱클레어 앞에 나타나 지성과 진리, 사랑 등 앎을 일깨워 준다. 그리고 싱클레어가 방황할 때마다 밝은 세계로 이끄는 인도자의 역할을 한다.

마치 힘든 시기에 자신을 도운 융처럼, 헤세의 소설 또한 실의에 빠진 독일인들에게 '데미안'이 되어 준 것이다.

> *"그거 알아? 네가 누군가를 싫어한다면, 그건 그가 너의 일부분을 갖고 있기 때문이야. 우리의 일부가 아닌 것은 우릴 성가시게 하지 않거든."*

싱클레어,
결국 데미안이 되다
/

소설 《데미안》이 의미하는 바는 서문에 명확히 드러나 있다. 바로 개개인은 특별한 존재로서, 각자 주어진 운명과 사명에 따라 자신의 목표를 이루기 위해 노력하는 삶을 살아야 한다는 것, 그리고 그 운명이 무엇인지는 오로지 내면의 성찰을 통해 깨달을 수 있다는 것이다.

일단 자신의 운명을 알고 나면, 내면의 세계에서 빠져나와 외부 세계로 나아가야 한다. 자신에게 익숙한 내면의 세계와 달리 외부 세계는 낯설고 두려운 곳이다. 더욱이 그곳은 선과 악, 밝음과 어둠, 질서와 혼돈, 규율과 방종 등 온갖 상보적인 요소들로 가득해 어떤 가치를 추구해야 할지 선뜻 알기 어렵다.

소설의 주인공 싱클레어 또한 상반되는 세계에서 혼란을 겪는다. 그는 일찍이 엄격한 질서와 규율이 있지만 안전하고 밝은 아버지의 세계와, 추악하고 더럽지만 쾌락과 흥미가 있는 어두운 바깥 세계의 차이를 인식하고 있었다. 두 세계의 성질은 완전히 다르지만 의외로 그 경계가 불분명해 마음만 먹으면 쉽게 넘나들 정도다. 단지 개인의 양심만이 그 경계를 가로막고 있을 뿐이다.

안정된 삶을 보장받는 대신 질서와 규칙대로 살아야 하는 세계와, 아무런 속박 없이 살 수 있되 타락한 삶을 사는 세계 중 어디로 갈 것인가. 대부분의 사람들이 그러하듯 싱클레어 또한 더욱 쉬운 선택지를 고른다.

그러나 유감스럽게도 타락으로 얻을 수 있는 쾌락은 너무도 짧다. 게다가 타락은 어린 날의 순수함과 대비되어 죄책감과 후회를 불러일으킨다. 그렇다고 밝은 세계로 돌아가자니 자유를 잃는 것 같아 망설여진다.

큰 혼돈에 빠진 싱클레어 앞에 데미안이 나타나 문제를 해결할 결정적 힌트를 준다. 바로 서로 반대되는 성질을 가진 요소들은 객체로서는 불완전한 존재이나 공존할 때 비로소 완전해진다는 것이다. 어떻게 성질이 다른 두 요소가 함께할 때 더욱 완전해진다는 것일까.

데미안은 새가 세상으로 나오기 직전에 스스로 알을 깨고 나오는 '부화'라는 과정에 대해 말하며, 자신의 주장에 힘을 싣는다. 다른 세계로 가려면 현재 몸담은 세계와 이별해야 한다. 그리고 다른 세계가 있다는 것을 확신하려면 현 세계를 인정해야만 한다. 이렇게 반대되는 요소들이 상호작용하면서 통합을 이루고, 한층 성숙된 존재로 발전하여 완전함을 이루는 것, 이것이 데미안이 말하고자 했던 것이다.

부화를 마친 새는 결국 아브락사스(상반된 것을 하나의 완전한 개체로 결합해주는 신화적 존재)에게로 날아가 그와 하나가 됨으로써, 자신에게 주어진 사명을 다한다. 마치 아버지의 세계에서 독립하여 외부 세계로 나아간 싱클레어가 내면을 부단히 성찰해 데미안이라는 이상향에 이른 것처럼 말이다.

> *"사람을 두려워해선 안 돼….*
> *그런 두려움은 우릴 완전히 망쳐 버릴 수도 있거든.*
> *좋은 사람이 되고 싶어?*
> *그럼 사람에 대한 두려움부터 떨쳐 버려."*

자기 세계가 너무 안락해 거기에만 머물다
[〈데미안〉으로 보는 분열성 성격]

/

분열성 성격의 가장 큰 특징은 사회적 관계에 전혀 관심이 없고 자신의 내적 세계에만 몰입하는 것이다. 너무도 몰입해 다른 사람과 분열된 상태에서 내적인 환상에만 머물고자 한다. 비슷하게 상상에 심취하지만 사회적인 관계를 아예 끊지는 않는 편집성 성격과 이 점에서 다르다.

자기 세계에만 머무르다 보니 대인관계는 형편없이 망가진다. 분열적 성격의 사람들이 다른 사람을 향해 무관심하고 감정 표현이 서투른 것은 이런 이유 때문이다. 이 모습이 자칫 내성적이거나, 수동적인 사람처럼 보인다. 그러다 이따금 지나칠 정도로 강하게 자기표현을 하기도 한다. 이런 강한 표현은 분노해서라기보다는 두려워서다. 이 두려움의 이면에는 자기 세계를 보호하려는 마음이 숨어 있다.

분열성 성격을 가진 사람들은 외부 세계의 규칙이나 질서에 따르기보다는 자신의 규칙과 질서로 지배되는 자기만의 공간에 머무는 것을 더욱 선호한다. 다른 사람이 자신의 일에 간섭하거나, 자신의 의지에 영향을 주려고 하면 몹시 불편해하며 자기만의 세계로 철수해버린다. 타인에게 조종당하는 느낌을 받기 때문이다.

이처럼 분열성 성격을 가진 사람들은 외부 세계에 자기를 침범당하는 것을 극도로 두려워한다. 그래서 가끔 고독과 외로움으로 타인이 그리워질 때마저도 사람들에게 접근하기보다는 회피하기를 택한다. 자신의 내면 깊숙이 숨어 상상의 세계에서 만족을 찾는 것이다.

소설 《데미안》의 주인공 싱클레어는 원래 밝고 순종적이며 신앙심이 깊은 착한 아이였다. 그러나 자신과 외부 세계의 차이를 인식하면서부터 혼란을 겪기 시작한다.

싱클레어와 또래인 사춘기 아이들은 고립되는 것을 두려워한 나머지 친구 관계에 지나치게 의존해 심리적 안정을 찾으려 한다. 그러나 싱클레어는 이와 달리 연상의 인도자들에게 도움을 얻는다. 종교, 철학 및 진리의 탐구에 매달리며 자아를 확인하려 한다. 그에게 중요한 것은 내면을 성찰해 이상향에 이르는 것이므로 다른 사람과의 관계는 큰 관심사가 아니다. 기껏해야 사춘기의 성적 호기심에 이끌려 환상 속 여인을 동경하는 정도다.

분열성 성격을 가진 사람들이 대부분 그러하듯, 싱클레어 역시 관계 형성에 문제를 겪는다. 간혹 필요에 의해 관계 맺을 때도 있지만 오래 지속되지 않는다. 또한 상대방에 대한 배려심이 부족하고 감정 표현이 미숙해 마찰을 빚는 일도 많다. 이러한 모습은 싱클레어가 길거리에서 이상형을 만난 대목에서도 드러난다. 그는 이상형을 만났는데도 그냥 지나쳐 버린다. 그런 다음 혼자만의 상상 속에서 그 여인에게 베아트리체라는 이름을 지어 주고, 그녀를 본 기억에 의존해 초상화를 그린다.

또한 싱클레어에게 아브락사스에 대해 알려 준 음악가 피스토리우스를 만났을 때도 결말이 좋지 않았다. 피스토리우스는 인격과 지성을 모두 갖추어 싱클레어에게 꼭 필요한 존재였음에도, 낡은 관습에 묶인 그에게 실망한 싱클레어는 어렵게 지속해온 관계를 단번에 끊어 버린다. 자신이 먼저 화해를 청한다면 분명히 다시 가까워질 텐데도 싱클레어는 접근보다는 회피를 택한다.

싱클레어는 자신에게 고독은 숙명이라고 말한 적이 있다. 김나

지움에 진학해서는 별종 취급을 받으며 따돌림을 당했고, 대학에 진학해서도 동년배들과 어울리는 게 힘들었다고 토로했다.

싱클레어는 스스로 악마의 세계로 뛰어들었다고 말할 만큼의 비행을 저질렀고, 같이 몰려다니며 말썽을 핀 무리에서조차 일체감을 느끼지 못했다.

그러나 싱클레어는 자신을 타인과 어울릴 수 없는 별종이라고 생각하면서도 사실 자신이 천재가 아닐까 하는 우월감도 가졌다. 자주 꿈을 꾸고, 그것을 해석하려 내면으로 빠져드는 모습도 자주 보인다. 작품의 마지막 장면에서는 어떤 어려운 상황에서도 내면 깊숙한 곳의 거울을 들여다볼 것이라고 말하며, 다른 사람과의 관계보다는 자신의 내면 세계로 빠져들 것을 시사한다. 이러한 장면은 현실로부터 도피하여 환상으로 철수하는 분열성 성격의 특징을 잘 나타내 준다.

조현병, 이름을 바꾸어도 여전히 따라붙는 꼬리표들

/

헤르만 헤세 본인도 신경 쇠약과 우울증으로 융의 치료를 받은 후 왕성한 활동을 했고, 치료를 받고 나서 집필한 소설 《데미안》에서는 분열된 자아와의 공존을 다루며 완전한 성장을 그려 냈다. 그런 이 소설은 어른 아이 할 것 없이, 필독서로 꼽힐 만큼 대중적으로 널리 퍼졌다. 그러나 우리 사회에서 아직까지 분열성 성격에 대한 인식이 미비한 편이다.

아마 분열성 성격이라는 말을 들으면 '정신분열증(조현병)'을 먼저 떠올리는 사람이 많을 것이다. 그도 그럴 듯이 과거에는 분열성 성격을 정신분열증의 전구 증상쯤으로 여긴 적도 있었기 때문이다. 그러나 지금은 정신분열증을 분열성 성격의 수많은 스펙트럼 중 하나로 볼 뿐이다. 둘 사이의 인과 관계는 뚜렷이 입증되지 않았음을 미리 밝혀 둔다.

최근에는 뉴스에서 '정신분열증'이라는 말 대신 '조현병'이라는 말도 많이 등장한다. 정신분열증의 다른 이름 '조현병'은 정신 질환자를 향한 거부감을 상쇄하기 위해 만든 이름이다. 조율되지 않은 현악기에서는 좋은 소리가 나지 않지만 조율된 후에는 원래 소리를 되찾는다. 마치 정신이 분열되어 현실 감각이 떨어진 정신분열증 환자가 약물치료로 증상이 완화되는 것처럼 말이다. 이처럼 이름을 바꾸는 노력까지 했음에도 정신분열에 대한 편견과 오해는 나아지지 않는다.

가장 큰 오해는 정신분열을 앓는 자들이 범죄를 저지르기 쉽다는 것이다. 사람들은 이들이 심신이 미약하고 환각, 환청 등에 시달려 무분별하게 범죄를 저지를 수 있다고 생각한다. 다수의 전문가들은 이에 대해 하나같이 아니라고 입을 모은다. 조현병 환자들은 치밀하게 범죄를 계획할 수 있는 상태가 아닌데다가, 바깥에 나가기보다는 혼자 있기를 좋아하는 특성상 범죄를 저지르기 쉽지 않다. 대한신경정신의학회는 '조현병 환자들의 범죄율은 일반인보다 낮은 편'이라는 내용의 성명까지 발표한 바 있다.

보통 조현병은 20~30대 사이에 초기 발병하는 경우가 많다. 아직 명확한 발병 원인이 규명되지 않았지만, 유전적 요인(가족력), 생물학적 요인(신경전달계 문제), 환경적 요인 등이 거론되고 있다. 알려진 증상으로는 망상이나 환각(환청, 환취, 환시, 환촉 등)이 나타날 수 있고, 와해된 언어나 행동을 보여 일상생활에 문제가 생길 수 있다.

보통 조현병 환자들은 사회적 기능이 떨어져 세상에 대해 관심이 없고, 혼자 있고 싶어 한다. 타인에 대한 공감능력이나 집중력이 떨어져 제대로 된 의사소통이 어렵다.

또한 긴장이나 충동에 취약해 불안이 극대화되기도 한다. 이럴 경우 자칫 공격적인 성향으로 이어질 수 있어 반드시 전문가의 도움을 받아야만 한다. 조현병의 망상이나 환각은 약물 치료의 예후가 좋으며, 환자들의 사회 참여를 돕기 위해 다양한 재활 프로그램을 운영하는 의료 시설이 많기 때문이다.

이제 우리나라도 조현병 환자 50만 시대로 접어들었다. 인식의 전환이 필요한 때다. 병에 대한 사회의 부정적인 인식 때문에 쉬쉬하느라 제대로 된 치료를 받지 못하는 일은 없어야 한다. 정신 질환자라고 해서 잠재적 범죄자 꼬리표를 붙이는 시선도 이제는 사라져야 할 것이다.

평범한 가장이었던 천재 화가의
예술적 삶 분투기

《달과 6펜스》

달은 손에 닿지 않는
이상이자 열정,

6펜스는 돈이자,
현실에 발붙여 살아가는 이들이 추종하는
세속적 가치를 담았다.

●   누구보다 근면성실하게 살아온
중년의 증권중개인 찰스 스트릭랜드. 어느 날 그는 처자식을 런던에 남겨
두고 홀연히 파리로 떠난다. 바람을 피워서도 아니고, 회복 불능의 사고
를 쳐서도 아니다. 오랫동안 가슴에 품은 화가의 꿈을 이루기 위해 모든
세속적인 것에서 고립되기를 자처한 것이다. 그의 이런 행동은 평상시 그
를 알던 사람이라면 절대 상상도 못할 행동이다. 그는 예술을 위해 모든
것을 내던지기는커녕 예술이라고는 단 1%도 모를 것 같은, 따분한 중년
남자였기 때문이다.

　파리의 낡은 방에서 찰스 스트릭랜드는 그림에 몰두했다. 하지만, 그의
작품 세계를 인정해주는 사람은 몇 없어 항상 빈곤에 시달렸다. 건강마저
해친 찰스를 물심양면으로 지원해준 단 하나의 친구 더크가 있었는데, 찰스
는 자신을 간병한 더크의 부인과 불륜을 저지르고 만다. 머지않아 부인의
자살로 관계는 끝을 맺었다. 그러나 친구를 배신하고 자신을 사랑한 여인이
자살했음에도 *찰스는 죄책감을 느끼는 기색이 하나 없다.*

　그 후, 찰스는 마르세유를 경유하여 타히티 섬으로 간다. 찰스는 수풀이
우거진 오지로 들어가 그림을 그리다가 그림도구들이 떨어지면, 그것을 살
돈을 마련하기 위해 일했다. 그에게 점심을 대접하거나 일감을 주는 사람들
에게는 직접 그린 그림을 선물하며 감사를 표하기도 했다.

　찰스는 그를 사랑한 타히티의 여인 아티를 아내로 들여 그녀의 도움을 받

아 열정적으로 그림을 그려 나간다. 그러나 곧 나병을 얻어 노쇠해졌으며, 사력을 다해 집의 벽과 천장에 벽화를 남겼다. 작품을 거의 완성할 쯤, 그는 눈이 멀어 아무것도 보지 못했으나, *한참 동안 자신이 그린 벽화를 보고 있었다고 한다.* 그리고 아내에게 자신이 죽으면 이 벽화를 불살라 없애 달라는 유언을 남겼다.

그의 작품은 그가 죽은 뒤 더욱 유명해진다. 찰스는 후세에 천재적인 화가로 이름을 떨친다. 이상을 위해 현실을 버린 비운의 천재, 찰스 스트릭랜드의 연대기는 화자인 '나'에 의해 세상에 알려진다.

서머싯 몸과 찰스 스트릭랜드

/

열정적인 광기와 태고의 아름다움을 지닌 달은 인류에게 영원한 동경의 대상이다. 《달과 6펜스The Moon and Six pence》에서 달이 상징하는 바 역시, 절대 닿을 수 없고 물 위에 비친 달빛마저도 손 안에 담아 올릴 수 없는 미지의 '이상'이다. 그리고 6펜스는 일상에서 쓰는 동전으로 실체 있는 '현실'을 뜻한다.

후기 인상파 화가 폴 고갱의 삶에서 모티브를 얻었다는 이 장편소설은 1차 세계대전 직후인 1919년에 발표되어 대중에게 큰 인기를 끌었다. 현실보다 이상을 찾아 모든 것을 버리고 떠난 주인공 찰스 스트릭랜드의 이야기는 전쟁으로 인해 꿈과 희망을 잃은 사람들에게 희열감을 선사했기 때문이다.

이 소설의 작가 서머싯 몸 역시 현실보다는 이상을 추구했다. 그는 변호사 로버트 몸의 아들로 태어났지만 어렸을 때 부모님을 여의고 숙부의 손에 자랐다. 어려서부터 허약했던 서머싯 몸은 요양 생활을 하는 동안 프랑스 문학에 빠져들었다. 훗날 의학교에 진학하여 의사 면허를 취득했으나 마음 한편에는 작가의 꿈을 키우고 있었다. 그러다 소설과 희곡 등을 차례로 발표하며 조금씩 작가로서 입지를 다졌고, 《달과 6펜스》를 통해 세계적인 작가로 명성을 얻게 된다.

6펜스로는 달을 살 수 없다
/

《달과 6펜스》는 화자 '나'의 시선으로 찰스 스트릭랜드의 삶을 연대기적으로 따라가는 소설이다. 런던에서의 부유하고 안정된 삶과 가정을 버리고 자신의 이상을 위해 돌연 파리로 떠나 버린 찰스 스트릭랜드. 그가 최우선하는 가치는 예술적인 창조뿐이다. 직업, 가정, 여자 등 모든 세속적인 것들은 찰스의 삶에서 아무 비중이 없다. 그림만 그리면서 끼니도 못 챙겨 건강까지 해치는 지경에 이르러도 그림을 향한 찰스의 열정을 꺼지지 않는다.

자신의 이상을 이루기 위해 다른 사람과의 관계에서 멀어져 금욕적인 삶을 사는 찰스는 죽고 나서야 천재성을 인정받는다. 찰스는 부나 명예를 위해 그림을 그린 것이 아니었다. 자기만족을 위해 그림을 그렸고, 다른 어떤 것보다 스스로에 집중하여 인생의 걸작을 완성한다. 그는 애초에 다른 사람의 평가나 관심을 바란 게 아니므로, 죽을 때 사력을 다해 완성한 마지막 걸작을 불태워 버린다.

세상이 평가하는 찰스 스트릭랜드라는 사람은 순수한 예술가와 거리가 멀다. 사람들은 꿈을 위해 파리로 떠난 찰스를 두고 바람이 났다는 둥, 괴팍한 사람이라는 둥 온갖 억측과 비난을 쏟아 냈다.

젊은 여자랑 바람이 나 모든 재산을 빼돌려 파리에서 호위호식하고 있을 것이라는 루머와 달리, 찰스는 비좁고 더러운 단칸방에서 빵과 우유로 하루하루를 버티고 있었다. 그럼에도 찰스는 증권 중개인으로 꽤 괜찮은 연봉을 받았던 런던에서의 삶보다, 그림에 몰두할 수 있는 파리에서의 삶에 더욱 큰 행복을 느끼고 있었다.

지독한 가난과 고통 속에서도 그림에 대한 열정을 놓지 않고, 오히려 더욱 순수한 자기만의 열반에 이르러 평생의 걸작을 완성하는 찰스 스트릭랜드. 그는 세속적인 것 외에도 우리의 삶을 충만하게 만들 고차원적인 가치가 확실히 존재한다는 반증이 되어 준다.

돈으로 꿈을 살 수 있는가? 찰스 스트릭랜드는 아니라고 답한다.

"사랑과 예술을 즐기기에는 인생은 그리 길지 않소."

그림을 향한 열정 외에는 아무것도 중요하지 않아!
[찰스 스트릭랜드에게 드러난 분열성 성격]

/

찰스 스트릭랜드의 성격에서 드러나는 몇몇 특성들은 분열성 성격의 스펙트럼 안에 있다. 그는 다른 사람과의 관계, 사회적 관습에서 철저히 고립되어 자기만의 방식을 고수하며 산다. 타인을 향한 배려도 전혀 없어 기인 같은 면모를 띤다. 또한 남들과 확실히 구분되는 개성, 독창성, 예술성, 창조성을 지닌다. 이런 점에서 찰스에게 분열적 성격의 면모를 볼 수 있다.

분열성 성격의 특징으로, 자신의 독창적인 예술성을 타인보다 자기 내적으로 확인하고 인정하려는 욕구가 있다. 또한, 자신을 평가하는 기준이 엄격해 그에 미달할 경우 혹독하게 자기비판을 한다.

실제로 찰스는 파리의 작은 방에 틀어박혀 서른 점이 넘는 작품을 그렸지만, 스스로 만족하기 전까지 아무에게도 그림을 보여 주지 않았다. 소설 속 화자인 '나'에게 처음으로 그림을 보여 주고 시큰둥한 반응을 얻었음에도 찰스는 개의치 않는다. 그의 작품은 오로지 찰스 스트릭랜드, 바로 자신에 의해서만 평가되기 때문이다.

타히티섬의 오지에서 죽기 직전까지 그린 작품을 완성하고 나서, 나병으로 인해 시력을 잃었음에도 마음의 눈으로 자신의 작품을 감상한 찰스. 그는 드디어 자신이 꿈꾸던 경지에 도달했고, 스스로 만족했으므로 유언으로 자신의 작품이 그려진 집을 불태워 달라고 한다. 이 대목은 그가 타인의 시선과 평가에 기준을 둔 삶이 아니라, 100% 자신을 위한 인생의 여정을 마쳤음을 보여 준다.

유일하게 찰스의 걸작을 본 쿠드라 의사는 찰스가 천재였음을 인정했다. "보시니 좋더라" 했다는 신의 말씀처럼, 그 또한 그가 그려 낸 세상에 후회 없는 만족감을 느꼈을 것이라고도 했다.

천장부터 바닥에 이르는 찰스의 벽화는 마치 신이 천지를 창조했을 때의 원시적 아름다움과 관능, 그리고 공포심과 두려움마저 자아내 경외감을 느끼게 했다. 모든 것을 초월한 악마적인 퇴폐와

음란함, 그리고 자연의 심연을 들여다보는 착각마저 들게 하는 그림. 독특한 색채 때문에 외설스럽게 보일 정도로 강렬한 에너지를 가진 찰스의 그림은 마치 선악과처럼 미지의 것을 알려 줄 것 같은 신비함을 가지고 있었다.

"세상은 참으로 혹독하다. 우리는 영문도 모르고 세상에 왔다가, 어디로 가야 하는지조차 모르는 채로 세상을 살아간다."

파랑새 증후군, 마음속에 달을 품고 사는 사람들

오늘을 살아가는 직장인이라면 누구나 한 번쯤 이상과 현실 사이의 딜레마로 고민해본 적이 있을 것이다. 우리 사회는 현실에 남을 것을 강요한다. 그 편이 훨씬 안정적이기 때문이다. 꿈을 향해 모든 것을 포기하는 사람들을 무모하고 바보 같다며 지탄한다.

직업은 우리에게 부, 명예, 타인의 기대감 등을 준다. 일에서 재미와 자부심을 찾는다는 것은 큰 행복이다. 그러나 불행하게도 9 to 6라는 틀에 박힌 하루, 그리고 기계적으로 반복되는 직장생활에서 영혼 없이 모니터를 바라보며, 상사 눈치 보랴 동기들 견제하랴 후배들 챙기랴, 자기self 없는 삶을 사는 사람들이 더 많다.

더욱 쓸쓸한 것은 자신이 무엇을 원하는지, 자기의 '달'은 무엇인지도 모르고 단지 '6펜스'를 버는 데 급급한 사람들이 태반이라는 것이다. 그렇다 보니 직장생활에서 돈 버는 것 외에 다른 가치를 얻을 수 없는 사람들이 많다. 그러나 우울한 직장인들에게 주어진 선택지는 그리 많지 않다.

이렇게 때 아닌 사춘기에 시달리는 직장인들을 두고 '파랑새 증후군'이라는 용어도 생겨났다. 파랑새 증후군이란 현실을 회피하며 이상만 쫓는 현대인의 심리를 일컫는 용어로, 벨기에 작가 마테를링크의 동화《파랑새 L'Oiseau Bleu》로부터 유래되었다. 동화의 주인공인 틸틸과 미틸 남매가 파랑새를 찾으러 모험을 떠나 갖은 고초를 겪었지만 결국 파랑새는 자신들의 집 안에 있었다는 결말처럼, 현실에서 행복을 찾지 못하고 이상만을 추구하는 사람들의 심리를 파랑새 증후군으로 표현했다.

파랑새 증후군은 주로 직업 만족도가 낮은 직장인들에게 나타난다. 이들은 희망 업무와 실제 업무 사이의 괴리감을 겪으며 항상 이직을 꿈꾸는데, 그렇다 보니 현실은 늘 불만족스럽다. 이상만큼 현실이 자기 맘대로 흘러가지도 않는다. 결국 정신적 스트레스가 심해 의욕 상실, 무력감, 만성피로에 시달릴 수 있으며, 오래 되면 우울증으로도 발전할 수 있다. 파랑새는 결국 집안에 있었다. 막연히 파랑새를 찾아 떠나기 전에 우리 안에 있는 열정이 무엇인지부터 탐색해보는 시간이 필요하지 않을까?

나도 몰랐던 또 다른 나를 만나다

—— 해리성 성격 ——

나는 사람을 찾고 있습니다.
그는 바로 '나'입니다

《어두운 상점들의 거리》

어느 날 갑자기 나는 나에 대한 모든 것을 잃어버렸다.
지금은 이렇게도 찾고 싶은 기억이, 당시에는
기억상실증에 걸릴 정도로 지우고 싶은 악몽이었다면…

나는 기억을 찾는 여행을
계속해야만 할까?

●　　　　　　　　배경은 제2차 세계대전이 끝난 프랑스. 작중 화자인 '나'는 10년 전, 자신에 대한 모든 기억을 잃어버리고 방황한다. 그런 '나'에게 사립탐정 위트 씨는 새로운 신분(기 롤랑)과 일자리를 구해주었다. 그래서 근 8년간 '나'는 위트 씨를 도와 흥신소 업무를 함께한다. 그리고 바로 오늘, 위트 씨가 탐정 일을 그만두었고, 지금에서야 비로소 '나'는 '나'의 정체성을 찾아 떠나기로 결심한다.

먼저 아주 조금이라도 '나'에 대한 기억이 있을 것 같은 사람부터 만나기로 했다. 그들의 기억에 남아 있는 정보를 토대로 더욱 많은 사람들을 만나면서, 조금씩 잃어버린 기억의 파편들이 되살아난다.

그리고 10년 전, 제2차 세계대전이 한창일 때 독일군이 프랑스를 점령하면서 도미니카 공화국 출신인 '나'와 여자 친구 드니스가 함께 국경을 넘으려다 실패했던 기억까지 되찾기에 이른다.

내가 사랑했던 사람, 내가 함께 어울렸던 친구들, 그들과 함께했던 추억들은 곳곳에 발자취를 남겨 놓았다. 나는 결국 마지막 단서를 찾아 들고 한 사람을 만나기 위해 배에 오른다. 그러나 간발의 차로, 자신이 누구인지 밝혀 줄 수 있는 사람을 놓쳐 버리고 말았다. 그리고 나는 아쉬움을 뒤로한 채 또다시 '나'를 찾는 여행을 시작하게 된다.

목적지는 로마. 어두운 상점들의 거리 2번지다.

파트릭 모디아노, 인간의 기억을 찾아 과거를 쫓는 추적자
/

로제 니미에상, 페네옹상, 아카데미 프랑세즈 소설 대상, 리브 레리상, 공쿠르상 그리고 노벨문학상에 이르기까지. 화려한 수상 기록을 가진 프랑스 문학의 거장, 장 파트릭 모디아노Jean Patrick Modiano. 그는 제 2차 세계대전의 포화가 채 가시기도 전인 1945년 파리에서 태어났다. 유태인 아버지와 벨기에의 영화배우였던 어머니는 유태인 박해를 피해 자주 집을 비우며 도피 생활을 했다. 심지어 본명조차 쓸 수 없는 상황에 처해 있었다. 유태인이라는 이유로 정체성을 부정당해온 파트릭은 자연스레 자신의 뿌리를 되찾고자 하는 강박관념에 시달렸다. 실제로 파트릭의 작품은 전쟁, 사고, 유년 시절의 트라우마 등 인간의 과거에 담긴 기억을 주제로 하는 경우가 많다. 또한 충격과 고통으로 인해 분열된 자아의 조각을 꿰어 맞추며 인간의 정체성을 찾아 시간을 거슬러 올라가는 역연대기적 기법을 취하고 있다.

부모의 부재로 파트릭은 두 살 터울 동생 뤼디와 서로 의지하며 돈독한 형제애를 길렀다. 그러나 뤼디가 열 살이 되던 해 병으로 죽자 파트릭은 크게 상심한다. 유년 시절의 상징과도 같은 어린 동생의 죽음은 파트릭의 감수성에 큰 영향을 미친다. 그 때문에 그의 초기 작품은 모두 뤼디에게 헌정되었다.

특히 프랑스 최고 권위의 문학상인 공쿠르상 수상작인 《어두운 상점들의 거리Rue des boutiques obscures》는 한 남자의 기억 상실증을 다룬 소설로, 그의 작품적 특징이 골고루 담겼다. 이 소설의 시대적 배경은 독일이 프랑스를 점령했던 시기로 당대의 음울함과 어두움을 사실적으로 표현했다. 담담하고 명료한 문체는 자신의 잃어버린 기억을 되찾으려는 한 인간의 강한 의지와 대비되어 더욱 간절하게 느껴진다.

> *"나는 그 누구도 아니다. 그저 흐린 실루엣만 남은 채로, 카페테라스에 기대어 비가 그치기만을 기다리는 한 사람일 뿐이다."*

어두운 상점들의 거리, 기억 사냥꾼의 일지
/

'나'는 누구일까? 소설의 마지막 장에서 던져 볼 수 있는 질문이다. 그러나 선뜻 답을 내리기는 어렵다. 《어두운 상점들의 거리》에 등장하는 주인공 '나'는 꽤 여러 개의 이름을 거쳐 왔기 때문이다.

기억상실로 괴로워하는 '나'에게 위트 씨가 준 새 이름 '기 롤랑', 소설의 초반부에 자신의 이름일지 모른다고 굳게 믿었던 '프레디 하워드 드 리즈', 그리고 그가 사랑했던 여인 드니즈의 등장으로 새롭게 떠오른 '페드로'라는 이름까지. 게다가 페드로라는 이름에는 각기 다른 두 가지 성까지 붙는다. 멕케부아와 스테른. 따라서 마지막까지도 어떤 이름이 '나'의 진짜 이름인지 확신하기 어렵다.

그러나 사실 이름은 상징일 뿐, 소설에서 궁극적으로 찾고자 하는 것은 '나'의 정체성이다. 장미는 어떤 이름으로 부르든 향기로울 것이라던 셰익스피어의 말처럼, 중요한 것은 자신이지 이름이 아니기 때문이다. 지금 당장 개명을 한들 내가 가진 속성이 바뀌는 것은 아니다. 나의 얼굴, 나의 행동과 태도, 직업, 가족, 친구들…. 이름 석 자 외에도 '나'를 증명해줄 수 있는 것은 많다.

그렇다면 인간의 정체성을 결정짓는 것은 무엇일까. 《어두운 상점들의 거리》에서는 '나'의 정체성을 찾기 위해 타인의 시선을 빌린다. 그래서 타인이 기억하는 '나'와 '나'의 주변 인물, 그리고 타인이 전달하는 증거물을 토대로 '나'를 추적한다.

그러나 타인의 시선은 '나'의 내면까지 꿰뚫어 보지 못하고 외양만을 훑어 내린다. 그들은 단지 '나'와 연관된 사진이나 책들, 그리고 수첩을 보관하고 있다가 건네주는 것이지, 사진 속 인물들의 관계가 어떠한지 그들 사이에 무슨 일이 있었는지, 책이나 수첩이 무엇을 의미하는지는 전혀 알지 못한다. 그들은 '나'의 기억을 되살려 줄 만한 촉매제를 전해줄 뿐이다. 그것의 의미를 파악하는 것은 전적으로 '나'의 몫이다.

결국 인간의 정체성을 결정짓는 것은 바로 '나' 자신이다. 내가 살아온 역사만이 '나'를 증명하는 것이다. 소설 속 '나'는 성실하게 타인의 기억 파편들을 찾아 모았지만 곧 한계에 부딪히고 만다. 타인의 기억에 의존한다는 것은 결국 소스를 제공해줄 주체가 없다면 아무것도 얻을 수 없음을 깨달았기 때문이다.

그래서 결국 '나'는 어두운 상점들의 거리로 향한다. 지금까지 타인의 도움에 의존하여 자신의 정체성을 찾으려던 것과는 달리, 스스로 자신의 정체성을 찾아 나서겠다는 의지가 엿보이는 대목이다.

> *"당신 말이 옳았어. 인생에서 중요한 것은 미래가 아니라 과거라는 것."*

나는 어쩌다 과거를 잃어버리게 되었을까?
[기 롤랑에게 드러난 해리성 성격]

/

해리성 성격은 전형적인 정신분석 성격 분류에 들어가지는 않는다. 다른 성격 유형과 장애에 비해 발생하는 빈도가 현저히 낮다고 알려졌기 때문이다. 그러나 현대에 들어서 낸시 맥윌리엄스 등 정신분석가들이 수많은 임상 경험을 토대로 많은 사람들이 자주, 정기적으로 해리된다는 사실을 발견해냈다. 그리고 이러한 이유를 근거로 해리성 성격을 독립적인 성격 유형으로 소개하기도 한다.

해리성 성격은 주로 아동기에 특정한 과거사를 겪어 만성적인 트라우마를 갖게 된 사람들에게서 찾아볼 수 있다. 그리고 이것은 방어기제 중 하나인 '해리dissociation'와 관련이 깊다.

그렇다면 해리는 무엇일까? 해리는 1900년 경, 프랑스의 심리학자 피에르 쟈네Pierre Janet에 의해 세상에 등장했다. 해리는 어떠한 특정 상황이 만들어 낸 스트레스에 대항해 자신의 성격을 조각조각 나누어 각각 독립된 객체처럼 행동한다. 그럼으로써 자신에게 닥친 고통을 나누거나 혹은 다른 자아 뒤에 숨어 고통을 회피하려는 심리적 방어기제이다. 더 나아가 고통스러운 현실을 부정하며 실제 상황이 아니라고 상상하기도 한다. 이것은 일종의 자기 최면과도 같다고 할 수 있다.

해리성 성격이 만들어지는 주요 원인은 아동기에 겪은 학대라고 볼 수 있다. 그러나 전쟁, 재해, 사고나 수술 등 정신적 혹은 육체적 고통을 주는 특정한 사건도 계기가 된다. 극심한 고통과 불안, 죽음에 대한 두려움에서 벗어나기 위해 자아를 해리시키는 것이다.

한 번 외상을 겪으면, 일상에서 흔히 겪는 가벼운 스트레스마저 병적인 수준의 스트레스로 혼동하는 일이 생긴다. 이때, 해리성 성격을 가진 사람들은 자동적으로 해리를 사용하여 자신을 보호하려 한다. 그래서 신경질적이고 감정 기복이 심한 사람으로 보일 수 있다. 가끔 해리성 성격을 가진 사람들이 히스테릭하게 느껴지기도 하는데, 작은 일에도 필요 이상으로 대응하기 때문이다.

또한 해리성 성격이 정신병으로 이어질 경우, 건망증이 잦아지거나 혹은 자신의 정체감을 상실하여 완전히 다른 사람이 되어 버리는 둔주psychogenic fugue가 일어난다. 더욱 심한 경우, 다중인격까지 갖기도 한다.

또한 앞에서 다룬 분열성 성격 역시 사회나 대인관계에서 스스로를 고립시켜 고통을 회피하려고 한다는 점에서 해리성 성격과 비슷해 보인다. 하지만, 분열성 성격의 분열은 여러 개의 자아로 쪼개지는 형태가 아니라 외부 세계로부터 자기를 분리시키는 형태로 이루어진다는 점에서 완전히 다르다.

《어두운 상점들의 거리》는 한 사건으로 인해 기억을 완전히 잃어버린 남자에 대한 이야기다. 소설의 배경은 제 2차 세계대전 중 독일군이 프랑스를 점령했던 암흑기를 주 무대로 한다. 나치가 주둔해 프랑스 내 공포 분위기가 조성되자, 도미니카공화국 출신인 '나'는 사랑하는 연인 '드니즈'와 함께 국경을 넘어 도망치려다 실패하여 서로 헤어진다.

'나'는 월경을 직접 계획한 사람으로서 '드니즈'에게 심한 죄책감을 갖게 되고, 지독히 추운 겨울날 국경 근처에 홀로 버려져 사경을 헤매게 된다. 이때의 충격과 공포는 그의 기억을 송두리째 앗아갈 정도로 극심한 것이었다. 사랑하는 사람과 헤어졌다는 슬픔을 이기지 못하고 자아를 해리시켜 버린 주인공. 결국 모든 기억을 잃고 새로운 신분으로 10년을 산다. 극심한 내적 갈등에 적응하기 위한 무의식적 반응으로 '해리'라는 방어기제를 사용함으로써 '나'에 대한 기억을 모두 지워 버린 것이다.

그러나 기억의 파편은 무의식 저편에 산재하여 불쑥불쑥 떠오른다. '나'는 작은 단서를 토대로 자신의 정체성을 찾아 떠난다. 그리고 자신을 기억하는 사람들이 건네는 사진, 책, 수첩 등 특별한 기념품들을 통해, 상실된 기억을 점차 복구시켜 나간다.

소설은 처음부터 끝까지 담담한 문체로 서술된다. 마치 '나'라는 사람을 타인의 시선으로 바라보듯 절제된 감정을 유지한다. 1인칭 시점으로 쓰였지만 화자는 10년 전 새로이 갖게 된 '기 롤랑'이라는 이름의 사람일 뿐 진정한 자아라고 보기는 어렵다.

기억을 잃어버린 사람들

/

천재 과학자로 유명한 아인슈타인은 심한 건망증으로 자신의 전화번호도 외우지 못했고, 집으로 가는 길을 잃어버려 매번 고생했다. 천재 음악가 모차르트도 마찬가지였다. 악상이 떠오르면 시간과 장소를 가리지 않고 혼자만의 세계에 빠져 식사 때를 놓치고, 해야 할 일을 잊어버리곤 했다.

비단 천재들만 겪는 해프닝은 아니다. 보통 사람들도 일상생활을 하다가 단순한 정보부터 중대한 일정까지 깜빡하는 경우가 있다. 이것이 가벼운 건망증인지 혹은 치매인지 판단할 수 없어 걱정하는 사람들도 많다.

치매와 건망증의 가장 큰 차이점은 기억의 가능성이라고 할 수 있다. 치매는 뇌질환으로 인한 인지기능장애를 말한다. 그러나 건망증은 저장된 기억을 찾지 못해 일시적으로 일어나는 증상일 뿐이다. 예를 들면 기억을 컴퓨터에 저장된 파일들로 가정했을 때, 치매는 컴퓨터가 포맷되어 저장된 파일이 없는 상태이며, 건망증은 파일이 저장된 경로를 잊어버려 헤매는 상태인 셈이다.

건망증은 기억 정보가 저장돼 있으므로 힌트만 주면 정보를 기억해낼 수 있다. 하지만, 치매는 아예 정보를 기억하지 못한다. 달걀을 보고 "이걸 어떻게 조리하는 거더라?"라고 한다면 건망증일 가능성이 높고, "이게 뭐지?"라고 하면 치매일 가능성이 높은 것이다. 전자는 주방에 들어가 조리도구만 보아도 달걀의 개념을 기억해낼 수 있지만, 후자의 경우 달걀이라는 사물에 대한 기억 정보가 없으므로 끝내 그것을 기억하지 못한다.

《어두운 상점들의 거리》의 주인공인 '나'는 어떤 사건이 발생하여 그 충격으로 자신의 삶에 대한 기억을 모두 잃어버렸다. 하지만, 단편적인 증거물들이 주어지면 그것과 연관된 사건을 모두 기억해낸다. 저장된 기억 정보가 있기 때문이다. 만약 '나'에게 치매나 다른 뇌질환이 있다면 어떠한 힌트를 받더라도 아무것도 기억해낼 수 없을 것이다.

이처럼 외상을 경험하여 그 충격으로 기억을 잃어버리기도 한다. 기억상실은 일정한 정보나 사건, 사실 등에 대한 기억이 사라져 버리는 것이다. 그리고 기억의 소실 정도에 따라 총체적 기억상실과 부분 기억상실로 나뉜다. 영국의 심리학자 허지스Hodges JR에 따르면 기억상실증을 앓는 사람들은 전반적인 지적 능력은 일반인과 비슷한 수준이지만, 새로 배우는 능력이나 과거를 회상하는 능력이 떨어져 일상생활에 불편을 겪기도 한다.

한편 어떠한 충격이나 고통을 회피하기 위하여 자신의 정체성을 잊어버리고 완전히 새로운 정체성으로 살아가는 사람들도 있다. 이것을 '해리성 둔주dissociative fugue'라고 하는데 자신의 과거나 직업, 이름, 주거지 등 개인의 정체감을 나타내는 기억을 상실하여 완전히 새로운 곳으로 여행을 떠나거나 아예 다른 신분과 성격으로 살아가는 것을 말한다. 회복 기간은 개인마다 다르며 원래 정체성을 찾으면 둔주 기간의 일은 잘 기억하지 못한다는 특징이 있다.

이처럼 개인의 정체성이나 기억에 혼선이 빚어지는 기억상실 및 둔주 같은 증상은 해리성 장애Dissociative Disorder의 한 유형으로 미국 정신의학협회의 정신질환 진단 및 통계 편람DSM에 분류되어 있다.

내 뜻대로 조종하지 못하면 사는 것이 아니다

—— 강박장애와 강박성 성격 ——

좀머 씨는 왜 그렇게 땅만 보며 걸었을까?

《좀머 씨 이야기》

"아저씨! 괜찮아요?"

좀머 씨는 하루 종일 마을 주변을 걸어 다녔다.
기다란 지팡이로 딱딱 소리를 내며 거의 땅바닥으로
고꾸라질 듯 고개를 처박고는
누구와도 눈을 마주치지도,
얘기를 하지도 않고 말이다.

●   호수 하나를 사이에 두고 윗

마을과 아랫마을로 나뉜 작은 동네. 그곳엔 한 소년이 산다. 키가 겨우 1m

될까 말까 한 어린 소년은 같은 마을에 사는 이상한 아저씨에게 호기심을

갖는다. 방에 처박혀 인형을 만들 때 빼고는 비가 오나 눈이 오나 마을 주

변을 빠른 속도로 걸어 다니는 남자. 사람들은 그를 '좀머 씨'라고 부른다.

어느 날, 소년이 아버지의 차를 타고 경마장에 다녀오는 길에 엄청난 돌

풍과 폭우를 만난다. 그런데 그 날씨에도 길가를 따라 걷고 있는 좀머 씨를

발견한다. 아버지는 그러다 죽겠다며 차에 타라고 권유하지만 좀머 씨는 두

려움과 공포에 질린 얼굴로 *제발 자신을 그냥 내버려 두라고 외친다.*

시간이 흘러 소년이 135cm 정도로 컸을 쯤, 자전거로 20분 거리에 위치

한 풍켈 선생님네로 피아노를 배우러 다녔다. 그러다 하루는 수업에 10분

정도 지각을 한데다 연주할 때도 실수를 연발하여 선생님의 심기를 거스르

게 되고, 악보를 찢기는 수모를 당한다.

사춘기 소년에게는 그것이 아주 큰일처럼 느껴졌다. 갑자기 세상이 원망

스러워지고 자신을 속상하게 하는 모든 대상에게 복수하고 싶어져서 자살

을 결심한다. 소년은 마을에서 가장 높은 나무를 찾아 올라가 막 바닥으로

뛰어 내리려는 순간, 누군가 나무 밑동에 쓰러지듯 누워 한숨을 쉬는 것을

보게 된다. 바로 좀머 씨였다. 세상에서 가장 고통스럽고 절망스러운 신음

소리. 소년은 번뜩 정신을 차리고, 자살하겠다는 자신의 결심이 얼마나 바

보 같았는지 깨닫는다. 좀머 씨에 비하면 자신의 고통은 아무것도 아닌 것처럼 느껴졌기 때문이다.

어느새 170cm로 자란 소년은 친구네에서 놀다 집으로 돌아오는 길에 누군가 호숫가에 서 있는 것을 본다. 그 사람은 점점 호수 한가운데로 걸어갔고 무릎, 어깨, 그리고 머리가 잠길 때까지 멈추지 않았다. 며칠 후, 마을 사람들은 실종된 사람을 찾는 광고지를 만들어 돌렸다.

막시밀리안 에른스트 에기디우스 좀머. 한동안 그에 대해 갖가지 소문이 떠돌았지만, 시간이 지난 후 자연스레 잊혀졌다. 그리고 소년은 그날 밤, 호수 한가운데에 좀머 씨의 밀짚모자가 떠올랐다는 사실을 아무에게도 말하지 않았다.

좀머 씨와 닮은 파트리크 쥐스킨트

/

《향수》의 작가로 유명한 파트리크 쥐스킨트는 섬세하고 아름다운 그의 소설만큼이나 풍부한 감수성과 예민한 감각을 지니고 있다. 마르고 작은 체구, 불안한 눈빛과 구부정한 자세. 마치 좀머 씨를 연상시키는 이 수식어들은 파트리크 쥐스킨트의 평소 모습을 묘사한 것이다.

보통 사람과는 확연히 구분되는 자신만의 세계를 지닌 파트리크 쥐스킨트. 그는 타인의 시선을 피해 거처를 옮겨 다니고, 결벽증 때문에 악수도 꺼리며, 각종 문학상 수상을 거절하는 등 유별난 행각으로 잘 알려져 있다. 이렇게 자신을 보이는 것을 꺼리고 은둔하는 작가임에도, 그의 작품은 대중들에게 큰 사랑을 받았다.

1984년 집필한 《콘트라베이스》는 연극 극본으로 뛰어난 작품성을 인정받아 '우리 시대 최고의 극본'이라는 칭송을 받았고, 연극도 흥행해 우리나라에서도 공연되었다. 이듬해 발표한 소설 《향수》는 독일만이 아니라, 전 세계적으로 사랑을 받으며 그의 이름을 널리 알렸고, 영화로도 제작되었다.

파트리크 쥐스킨트는 어떻게 보면 좀머 씨처럼 외톨이 같기도 하지만, 《향수》의 주인공 그루누이처럼 천재성을 갖고 있으며, 오케스트라의 '콘트라베이스'처럼 눈에 잘 띄지는 않더라도 묵묵히 자신의 존재감을 보인다.

1991년에 발표한 중편소설 《좀머 씨 이야기 Die Geschichte von Herrn Sommer》는 전쟁 직후 호수 마을에 정착하여, 매일 똑같은 삶을 살아가는 한 남자에 대한 이야기다. 말을 타고 다니던 사람들이 자전거로, 자동차로 그 수단을 바꿔 갈 때에도 좀머 씨는 지팡이 하나에 의지하여 빠른 걸음으로 온 마을을 돌아다닌다. 그는 전쟁 트라우마로 인해 시대의 변화에 적응하지 못하는 은둔자다.

이 소설의 주인공은 사실 좀머 씨가 아니다. 좀머 씨의 행동을 관찰하는 이 '소년'. 지금부터 소년의 눈으로 바라본 좀머 씨의 인생에 대해 이야기를 해볼까 한다.

> *"좀머 씨는 그대로 멈췄다. 마치 독감에 걸려 죽을지도 모른다는 소리에 그 자리에서 꼼짝없이 얼어붙어 버린 것 같았다."*

지팡이를 든 은둔자,
좀머 씨의 일생
/

좀머 씨는 항상 걸어 다닌다. 그것도 땅만 보고. 비가 오나 눈이 오나, 계절이 바뀌고 해가 가도 여전히 걷고 있다. 소년이 보기에 좀머 씨가 걷는 것을 좋아해서 그러는 것 같지는 않다. 정처 없이 걷는 아저씨의 표정이 전혀 즐거워 보이지 않았기 때문이다.

소년과 좀머 씨, 이 둘 사이에는 어떠한 공통점도 없을 것 같지만 의외의 접점이 하나 있다. 바로 '죽음'이다.

폭우가 쏟아져 진창이 된 길 위를 걷고 있는 좀머 씨를 보고, 소년의 아버지는 그러다 죽을 수도 있다며 차에 태워 주려고 한다. 하지만 좀머 씨는 제발 자신을 내버려 두라며 고집스레 호의를 거절해버린다. 세상과 사람을 피해 주야장천 걷기만 하던 좀머 씨가 '죽음'이라는 단어에 유일하게 반응을 보인 것이다. 소년은 겁에 질린 좀머 씨의 얼굴을 한동안 잊지 못한다. 그리고 얼마 뒤, 소년은 피아노 수업에 지각하여 선생님께 크게 혼나고 세상에 대한 분노와 자신을 괴롭히는 모든 것에 대한 증오가 폭발하여 자살을 결심한다. 그러나 우연히 좀머 씨의 고통에 찬 신음소리를 듣고, 자신의 걱정과 고민은 아무것도 아니라는 것을 깨닫는다. 죽음을 결심한 소년이, 죽음으로부터 도망 다니는 좀머 씨로 인해 마음을 고쳐먹은 것이다.

겨우 1m에 불과했던 소년이 170cm에 육박할 정도로 자랄 만큼 시간이 지난 후, 둘은 '죽음'이라는 교차점을 사이에 두고 다시 한 번 대치한다.

이제 소년은 자전거도 잘 타고, 어려운 피아노곡도 자유자재로 연주할 수 있다. 선생님의 잔소리에도 의연하게 대처할 수 있을 정도로 소년은 성장했지만 좀머 씨는 조금도 변화된 것 없이 그대로 걸어 다니기만 한다. 이것은 좀머 씨가 겪는 고통이 시간과 노력으로는 고쳐질 수 없다는 것을 의미한다. 결국 줄어들지 않는 고통을 견딜 수 없어, 이번에는 좀머 씨가 자살을 결심한다.

그리고 소년이 자살하려던 순간 우연히 좀머 씨가 그 자리를 지나갔듯이, 소년 또한 우연히 좀머 씨가 자살하는 광경을 목격하게 된다. 다른 것이 있다면, 소년은 좀머 씨로 인해 자살을 포기했지만 좀머 씨는 그렇게 하지 못했다는 것뿐이다.

평생을 죽음으로부터 도망치는 삶을 살다가 결국 죽음까지 걸어서 간 사나이. 그는 여름Sommer*이 완전히 자취를 감춘 10월의 어느 밤, 호수에 덩그러니 밀짚모자 하나만 남기고 세상을 떠나 버리고 말았다.

갑자기 사라진 좀머 씨에 대해 마을에는 무성한 소문이 떠돈다. 그러나 소년은 침묵한다. 그의 죽음을 막지 못했다는 죄책감 때문이 아니라, 제발 자신을 내버려 두라고 외치던, 고통에 찌든 좀머 씨의 얼굴이 떠올랐기 때문이다.

고통에 찬 신음소리, 두려움에 질린 표정, 호수 아래로 가라앉던 그의 마지막 모습. 소년의 침묵은 결국 죽음에 굴복해버린 좀머 씨

---

*   독일어로 좀머는 '여름'을 뜻한다

에 대한 연민이자, 마침내 고통에서 해방된 한 남자에게 보내는 세
상에서 가장 조용한 위로였다.

"누구도 좀머 씨를 특별하게 생각하지 않았다. 그저 좀머 씨가 하
도 마을 주변을 걸어 다녔기에 그게 당연한 줄로만 알았다."

끝없는 불안을 떨치기 위해 반복한다
[좀머 씨에게 드러난 강박장애]

/

강박장애Obsessive-compulsive Disorder는 강박사고 등으로 인한 내적
불안을 회피하기 위해 강박적인 행동을 되풀이하는 것을 말한다.
이 둘은 공통적으로 과거에 불안을 느꼈던 경험에서 출발한다. 이
때 느낀 불안한 감정이 무의식에 자리 잡아 불쑥 그 모습을 드러냄
으로써 현재의 심리에까지 부정적인 영향을 미친다. 이것은 자기
의지와 상관없이 일어나는 것으로 '강박사고'라고 부른다.

'강박적 사고'는 무의식중에 자아를 침투하는 강박사고에 대응
하여 자신의 의지로 특정한 생각을 반복해서 하는 것을 말한다. 주
로 폭력적이거나 성적, 혹은 종교적인 주제와 관련된 사고를 반복
하기 때문에 고통과 죄책감을 불러일으킨다.

예를 들면 남을 때리거나 신체에 위해를 가하는 생각을 하거나,

종교적인 기도문이 자꾸 떠오르고 신에게 처벌받을 것 같은 불안 감이 반복되기도 한다. 또는 의도하지 않았는데도 성적인 상상에 사로잡히거나 집착하는 등 강박적 사고로 생활에 심각한 지장이 생기는 경우가 있다.

한편 '강박행동'은 강박사고로 인한 불안감을 떨쳐 내기 위해 어떤 행위를 반복하는 것을 말한다. 주로 청결, 질서, 순서, 숫자 등과 연관되는 행동에 집착한다. 이러한 행동은 일시적인 충동과는 확연히 구분된다. 반복되고 확대되는 특성이 있어 스스로도 그 불편함을 인식할 정도다.

그렇다면 좀머 씨의 일상에서는 어떤 강박장애가 나타나고 있을까? 우선 좀머 씨는 과거에 어떤 트라우마로 인해 죽음에 대한 두려움과 불안이 있다고 유추해볼 수 있다. 좀머 씨는 불쑥 떠오르는 죽음에 대한 생각으로 일생 동안 고통을 겪었다. 때문에 고통에서 벗어나고자 의식적으로 걷는 행동을 반복한다. 날씨와 상관없이 60km나 되는 거리를 매일 걸어 다니는 사람이 어디 있을까.

좀머 씨는 강박장애와 함께 강박적 성격*의 특성도 일부 지니고 있다. 좀머 씨는 계절별로 입는 옷이 정해져 있으며, 걸을 때는 항

---

* 　강박장애가 강박적으로 떠오르는 생각을 지우기 위해 강박행동을 반복하는 것이라면, 강박적 성격은 자신만의 규칙과 질서를 엄격히 따르는 것을 말한다. 강박적 성격에 대해서는 뒤이어 등장할 소설 《오베라는 남자》를 통해 더욱 자세히 알아보도록 하자.

상 배낭과 호두나무 지팡이를 들고 다닌다. 좀머 씨의 발걸음과 지팡이가 바닥에 딱딱 부딪히는 소리는 메트로놈의 리듬처럼 규칙적이다.

좀머 씨의 아내도 마찬가지다. 좀머 부인은 생계를 위해 인형을 만들어 판다. 그녀는 방안에 틀어박혀 인형을 완성하면 우체국으로 가 소포를 부친다. 그리고 집으로 돌아오는 길에 일종의 의식처럼 매번 같은 경로로 온다는 점에서 좀머 부인 또한 강박적 행동을 한다는 것을 알 수 있다. 잡화점-빵집-정육점-야채가게를 순서대로 들러 한껏 장을 본 뒤 또 집에만 틀어박혀 인형을 만드는 일을 반복한다.

혹시 징크스를 갖고 있나요?
/

사람은 행복을 추구한다. 어느 누구도 불행해지기를 원하지 않는다. 징크스는 이렇게 불행을 피하고 싶은 심리를 반영한다.

그렇다면 어떻게 징크스가 불행을 피하는 수단이 될 수 있을까? 답은 간단하다. 바로 불행이라는 사건에 인과 관계를 설정하는 것이다. 마치 특정한 원인의 결과로서 불행이 생긴 것처럼 말이다. 당연히 이 '특정한 원인'이 징크스에 해당한다. 또한 어떻게 인과 관계를 설정하느냐에 따라 불행에 대한 징크스뿐만 아니라 행운에 대한 징크스도 만들어 질 수 있다.

여기서 한 가지 의문이 든다. 사람들이 만들어 낸 관념에 불과한 징크스가 진짜로 실제 상황에 영향을 줄 수 있느냐는 것이다. 그러나 의외로 징크스가 가진 힘은 대단하다. 시험이나 경기 등 특정 상황을 앞둔 사람들은 결과에 대한 불안과 부담이 아주 크다. 단지 징크스를 피하는 것만으로 심리적인 안정을 취할 수 있어 좋은 성적으로 이어지기도 한다.

한때는 전 세계를 호령한 축구 스타의 이름을 딴 '펠레의 저주' 또한 아주 유명한 징크스 중 하나다. 내용인즉슨, 펠레가 월드컵에서 우승할 것이라고 점찍은 팀은 절대 우승컵을 들지 못한다는 것이다. 바꿔 말하면 펠레가 호명하지 않은 팀은 우승자가 될 수 있다는 의미다. 결국 펠레의 한마디에 팀 전체의 사기가 오를 수도 있고 떨어질 수도 있다. 팀의 사기는 경기 능력과도 직결되므로 펠레의 저주는 전 세계 축구 팬들에게도 아주 큰 관심사다. 징크스는 이렇게 개인과 집단 모두에게 심리적으로 큰 영향을 미친다.

어떻게 보면 징크스는 일종의 강박증에 속할 수도 있다. 강박장애가 불안감을 이기기 위해 특정 사고나 행동을 반복하는 것처럼, 징크스 또한 특정 결과를 위해서 어떤 조건을 지켜 내야만 하기 때문이다. 다른 점이 있다면 강박장애는 생활 영역 전체로 확대되어 지속되지만, 징크스는 제한된 상황에서 일시적으로 나타난다는 것이다.

혹시 징크스를 가지고 있는가? 사실 징크스의 이면에는 자기중심적 사고가 있다. 외부 요소와는 상관없이 오직 자신만이 삶을 통제할 수 있다고 생각하기 때문이다. 그러나 자신이 정한 조건 따위로 불행이나 행복이 좌우된다고 믿는 것은 차라리 오만에 가깝다.

그러니 너무 징크스에 얽매이지 말자. 징크스의 역할은 심리적 안정을 취하는 것, 딱 거기까지다. 특정 상황과 조건에 제한된 징크스가 점점 일상으로 확대되고 반복될수록, 그것은 더 이상 불안한 마음을 환기시키는 즐거운 미신이 아니라 강박관념이 되어 당신을 괴롭힐 것이다.

징크스에 상관없이 매사에 집중하는 당신의 모습이야말로 절대 깨지 못할 징크스라고 할 수 있다. 곰곰이 생각해보자. 내가 가진 징크스들이 정말 결과에 영향을 미쳤는지, 아니면 단지 긍정적인 결과를 소망하는 자신의 환상에 지나지 않는지를.

강박으로 빈틈없이 채워진 삶에 생긴
따뜻한 균열

《오베라는 남자》

"이제 또 뭐가 남았지?"

아내를 잃고 삶의 의미까지 잃어버린 남자, 오베.
결국 죽기로 결심한 뒤 하나하나 정리하기 시작한다.

그런데 이 남자.
죽기까지 매일매일 해내야 할 일들이
너무도 많다.

●　　　　　　　　　　　　　　　　아내와 사별한 뒤 매일 자살을

준비하는 남자, 오베. 원리와 원칙에 강박적으로 집착하는 오베에게 아무

런 준비 없이 아내를 바로 따라가는 것은 너무 무책임한 일이다. 그래서

그는 꼬박 반 년 동안 죽기 위한 준비에 돌입한다.

　주택융자금 갚기, 자신이 죽은 후 다른 사람들이 쓸 수 있도록 집과 차를

수리하기, 전화, 전기, 수도, 신문 요금 해지하기⋯. 이 모든 것을 완벽히 마

친 후에야 오베는 드디어 죽기로 결심한다.

　그러나 오베의 살벌한 계획은 옆집에 이사 온 식구들 때문에 번번이 실패

하고 만다. 완벽하진 않지만 사랑이 넘치는 새 이웃 덕분에 빈틈없던 오베

의 삶에 인간적인 균열이 생기기 시작한 것이다. 그 균열은 오베를 예상치

못했던 삶으로 이끈다.

　아이를 좋아하지 않았던 오베가 꼬마 이웃들의 좋은 할아버지가 되고,

젊은 세대들에 선입견이 있던 그가 이웃 청년들과 가까워진다. 또 외국인

임산부에게 운전 교습을 해주고, 필요하면 기꺼이 이웃을 차에 태워 병원으

로 실어다 준다.

　상처투성이 고양이, 외국인 임산부, 천방지축 여자아이들, 비만 청년, 동

성애자와 그의 아버지⋯ 예전에는 오베의 집에 발가락 하나 디딜 수 없던

사람들이 이제는 문지방이 닳도록 그의 집에 드나든다.

　죽지 못해 살았던 남자, 오베. 그는 이제 이웃들과 친구들 때문에 마음대

로 죽을 수도 없다.

아내를 잃은 상실감을 채워 준 그들을 위해 오베는 다시 살기로 결심한다.

프레드릭 배크만이라는 남자,
운 좋은 블로거 그 이상의 재능

/

30대 중반의 스웨덴 작가 프레드릭 배크만Fredrik Backman은 유명 블로거 출신이다. 어려서부터 내성적인 성격 탓에 친구들을 사귀는 것보다 혼자 글 쓰는 게 더 편했다는 그. 어른이 되어서도 블로그에 포스팅을 하거나 매체에 칼럼을 기고하는 등 글을 놓지 않았다. 더 긴 글을 써보고 싶은 갈망이 있던 차에 마침내 2012년, 《오베라는 남자A man called Ove》로 전 세계를 뒤집어 놓는다.

그런데 소설의 주인공 '오베'라는 남자의 탄생 배경이 좀 특이하다. 어느 날, 프레드릭 배크만이 쇼핑을 하러 갔을 때 아이패드를 놓고 점원과 말싸움을 벌이는 한 중년 남성을 보았다. 그리고 이를 모티브로 블로그에 게시글을 올렸다. 융통성 없고 고집스러운데다가 현대 기술의 발달을 반기지 않는 이 캐릭터는 아주 좋은 반응을 받았고, 프레드릭 배크만은 곧 이 캐릭터로 장편소설을 쓰기 시작한다.

실생활에서 만난 독특한 캐릭터가 소설 한 편으로 완성되어 세상 밖으로 나왔을 때, 스웨덴뿐만 아니라 세계가 열광했다. 전 세계적으로 200만 부 이상의 판매고를 올린 《오베라는 남자》는 위대하고 거창한 문학성을 띄는 작품은 아니나, 진솔하고 쉬운 이야기로 독자들의 심금을 울린다.

"소녀는 누군가를 사랑한다는 것은 마치 현관문을 넘어 집 안으로 들어가는 것과 비슷하다고 말하곤 했다."

오베라는 남자와
현대판 선한 사마리아인들
/

오베는 카드보다 현금을 선호하고, 시간이 오래 걸려도 여과기에 커피를 내려 마시며, 컴퓨터 없이도 집의 설계도면을 뚝딱 그려내는 아날로그형 인간이다. 고집스럽게 낡은 관습에 집착하고, 구시대를 밀어내는 신시대에 적개심을 품고 산다.

어쩌면 이런 면모는 이미 세상을 떠난 아버지와 아내의 시대를 향한 그의 미련일지도 모른다. 그리고 언젠가 자신도 밀려 없어질 것 같은 불안감 때문일지도 모른다. 오베는 그래서 몸에 딱 맞는 정장을 입은 서른 한 살짜리 애송이들이 득시글한 사회를 싫어한다. 당장의 허영과 허세에 눈이 멀어 명품으로 치장한 젊은이들, 정작 집 한 채 없으면서 고가의 외제차를 몰며 쉽게 자기 만족하는 그들을 오베는 절대 이해할 수 없다.

회사보다 자신의 편익을 추구하는 겉멋쟁이들이 자기보다 나을

게 하나 없어 보이는데 오베는 하루아침에 해고까지 당한다. 그러자 분노는 극에 달한다. 누군가 자신의 삶에 참견하고 간섭하는 것을 질색하는 오베는 아내가 죽은 뒤, 더욱 폐쇄적으로 변해갔다. 결국 그는 자살을 결심하고 꼼꼼히 계획까지 세운다. 드디어 자살 실행만을 앞둔 상황에서 그의 계획은 번번이 수포로 돌아간다. 바로 새로 이사 온 파르바네 부부 때문에 말이다.

이 불편한 이웃은 아귀가 꽉 들어맞아 움직이지 않을 것 같은 오베의 일상에 균열을 만든다. 다시 굴러가기 시작한 오베의 삶. 이 불편하고도 선한 사마리아인들로 인해 오베는 젊은 세대와 신 시대에 대한 편견이 사라져간다.

오지랖 넓고 정 많은 선한 사람들, 오베는 이들과 함께 식사하고, 파르바네가 아이를 낳을 때 곁에 있어 준다. 또 그녀에게 운전을 가르치며 점점 삶의 의미를 되찾아 간다. 어느새 이들은 오베에게 새로운 의미의 가족으로 자리 잡는다.

오베의 편견은 비단 현대인에게만 국한된 것이 아니었다. 오베는 현대 문물을 의심하고 불신했다. 인터넷Internet이라는 단어의 어미인 '넷Net'을 강조하며, 인터넷이 올가미처럼 개인을 옭아맬 것이라고 본 오베. 하지만 아이러니하게도 오랜 친구인 루네가 알츠하이머로 앓아눕자 강제적으로 노인 요양소에 끌고 가려 한 공무원을 저지시킨 것 또한 바로 인터넷이었다. 오베가 그다지도 불신한 현대 문명의 최대 산물이 해마다 부정적으로 노인을 요양소에 연계해 커미션을 챙긴 공무원의 비리를 캐내는 데 혁혁한 공을 세운 것이다.

결과적으로 인터넷으로 범인을 잡았으니 인터넷이 올가미라는 오베의 말이 영 틀린 것은 아니다. 그러나 오베는 결국 인정한다. 오랫동안 잘못된 채로 살아온 사람들은 자신이 잘못됐다는 사실을 쉽게 인정하지 않으려고 한다는 것을 말이다.

오베는 확실히 변했다. 매일 자살을 기도하던 고집불통 할아버지 오베는 이제 새로 이사 온 이웃들의 집을 수리하러 다니는 것이 일상의 낙이 되었을 정도로 타인의 삶에 조금씩 가까워지고 있다. 어디 그뿐인가? 아이패드를 집어 들고는 왜 키보드가 없냐며, 다 추가 구매를 강요하려는 술수 아니냐고 고래고래 소리를 지르던 진상 할아버지는, 이제 자기처럼 집을 좋아하는 이웃 소녀가 설계도면을 얼마든지 그릴 수 있도록 아이패드를 선물해주는 신식 할아버지가 되었다.

오랜 세월 동안 분노와 불신, 불안으로 사회와 벽을 쌓고 산 오베. 지금 그 벽은 어디로 갔을까. 아마 이웃 파르바네가 새로 이사 온 첫날, 트레일러로 오베네 집 외벽을 긁어 놓았을 때부터 이미 조금씩 허물어지고 있었던 게 아닐까.

"사람들은 오베가 흑백논리로만 세상을 바라본다고 했다. 하지만 소냐는 오베가 가진 유일한 색이었다. 검정색과 하얀색이 아닌 다채롭고 아름다운 색."

내가 보여 줄게! 강박이란 이런 것!
[오베에게 나타나는 강박성 성격]

/

좀머 씨가 강박장애의 전형적인 인물이었다면, 오베는 강박성 성격의 대표격이다. 이 작품에서는 강박성 성격의 특성이 두드러지게 나타난다. 강박성 성격을 가진 사람들은 자신만의 기준이 확고하므로 자칫 고집스럽고 융통성 없어 보일 수 있다. 특히 윤리나 도덕적 가치에 대해서 몹시 높은 기준을 갖고 있어서 양심적이고 의협심이 강하다. 질서나 순서, 규칙 등에 완고한 태도를 보여 주변인과 마찰을 빚는 일도 있다. 그렇다면 극 중 오베가 강박성 성격을 가졌다고 볼 만한 근거는 무엇일까?

오베는 자명종이나 알람시계가 없이도 매일 6시 15분 전에 기상한다. 그리고 매일 같은 양의 커피를 여과기에 넣고 커피가 내려지는 동안 동네를 시찰한다. 각종 표지판이 튼튼한지 발로 차서 확인하고, 문을 잠그고 나서는 꼭 세 번씩 잘 잠겼나 확인한다. 40년 넘게 같은 차 브랜드 '사브'만을 몰고, 자살을 위해 필요한 것들을 리스트로 만들어 꼼꼼히 준비한다. 마치 일종의 '의식'처럼 매일 똑같은 일상을 반복하는 것이다.

강박성 성격의 또 다른 특성은 이들의 심리가 주로 이성적인 사고나 행동을 기반으로 이루어진다는 것이다. 이들은 감정이나 정서와 같은 추상적인 영역은 별로 중요하게 여기지 않는다. 오베 또한 숫자나 공학에 뛰어나 집을 만들고 차를 수리하는 것은 잘 해내지만, 음악이나 책에는 별 흥미가 없다. 객관적이고 수치화된 정보만 믿는 오베에게 감정이 풍부하고 이타적인 성격을 가진 아내 '소냐'는 상호 보완이 되는 완벽한 반쪽이었다.

그러나 세상과 오베 사이에서 완충 작용을 해주던 아내와 사별한 뒤, 오베는 더욱 고독에 빠져든다. 새 이웃이 이사 오기 전까지 근 반 년간 다른 사람과 말 한마디 나누지 않았을 정도다. 강박성 성격을 지닌 사람들은 세상에 대한 불안과 불신이 너무 크기 때문에 새로운 환경이나 낯선 사람과 소통하기를 꺼린다. 이들이 주변인과 친밀한 관계를 맺는 것은 시간뿐 아니라 믿음이 필요하므로 아주 어려운 일이 된다.

허나 강박성 성격의 사람들이 대인관계에 능숙치 못해도 형식적이거나 공적인 자리에서는 꽤 훌륭하게 역할을 수행하는 경우가 있다. 정신분석의 거장 낸시 맥 윌리엄스의 저서에 따르면 이들은 높은 수준의 도덕심과 윤리관을 지녀서 그룹의 리더로서 양심적으

로 행동하는 편이라고 한다. 타의 모범이 됨과 동시에 사람들이 질
서와 규칙에 따르도록 통제하는 역할을 하며 자존감을 높이는 편
이기에 그렇다.

조금은 고지식하고 융통성 없게 보일지라도 이들에게는 공적인
자리가 자신의 책임감과 양심을 확인하는 지표가 될 수 있다. 오베
또한 마을 자치회 회장직을 역임하며, 친절하지는 않아도 정확한
일처리로 주민들의 신임을 얻었다. 합법과 불법, 정의와 부당함,
주민의 요구와 당국의 지원 사이에서 옳고 바른 길로만 가면 됐기
때문에 자치장이라는 직위는 오베의 적성에 딱 맞는 일자리였다.

그렇다면 혹시 오베가 동네를 시찰하며 위반 사항을 찾는 것이
나, 관공서를 상대로 민원을 제기하고 편지를 보내는 것 또한 단지
리더로서의 양심과 책임 때문일까?

이것은 강박성 성격의 주된 방어기제 중 '치환'과 연결 지어 볼
수 있다. 치환은 말 그대로 '바꾼다'는 뜻이다. 즉 어떠한 욕구를
충족하기 어렵다고 판단될 때, 그 욕구를 조금 더 충족시키기 쉬운
다른 대상으로 바꾸어 대리만족을 꾀하는 것이다. 그렇다면 오베
는 어떠한 욕구에 대해 치환이라는 방어기제를 사용했을까. 바로
분노다.

오베와 소냐는 스페인으로 여행을 떠났다가 술에 취한 버스기
사의 부주의로 사고를 당한다. 이로 인해 소냐는 아이를 잃고 하반

신이 마비되어 평생 장애를 안게 됐다. 이 갑작스러운 불행에 대해 아무도 책임을 지려 하지 않았다. 스페인 정부, 여행사, 버스 기사 등. 아무리 민원과 편지를 보내 봤자 오베가 느끼는 것은 무력감뿐이었다.

그때부터였다. 오베는 풀리지 않는 분노를 길거리와 관공서에 풀기 시작한 것이다. 쓰레기 분리수거, 자전거 주차구역 및 방문객 주차 위반사항 등 규칙에 어긋나는 것을 신고하고 잘못된 정부 시책에 대해 민원을 제기하며 끊임없이 투쟁하는 것. 이것은 합법적으로 분노를 해소할 수 있는 방법이었다.

그 사고 이후로 항상 파괴적 충동과 분노에 사로잡혀 있었던 오베의 마음을 헤아려 주는 것은 아내 소냐밖에 없었다. 그녀는 오베가 분노와 마주할 시간을 충분히 주었고, 손바닥을 꾹꾹 누르며 화를 다스리는 방법을 가르쳐 주었다.

완벽하지 않은 완벽주의자들의 이야기
/

"저는 어떤 것에도 그냥 만족하지 않아요. 전 완벽주의자이고 그것은 제 모습의 일부분이죠."

'팝의 황제' 마이클 잭슨. 지금은 고인이 된 그는 생전에 완벽주의적 행동을 보이는 것으로 유명했다. 음반을 녹음할 때는 악기 세션을 하나하나 확인했고, 안무를 할 때는 동작을 완벽하게 맞추기 위해 한 동작을 수십 번씩 반복한 적도 많았다. 곡마다 착장을 달리하는 패셔니스타이기도 한 시대의 아이콘 마이클 잭슨. 무대에서는 물론이고 리허설에도 완벽하게 소품을 챙기는 모습으로 그는 완벽에 완벽을 기했다.

이처럼 모든 일에 완벽을 추구하는 사람들을 '완벽주의자'라고 부른다. 이들은 자신에 대한 목표치를 높게 설정하는 탓에 어떤 일을 하든 쉽게 만족하는 법이 없다. 그러나 일단 목표를 달성하기만 하면 남들보다 큰 성취감을 느낄 수 있다. 이는 자존감과 자기효능감 향상으로 이어져 긍정적인 효과를 낳는다.

그러나 완벽주의자들이 모두 완벽한 것은 아니다. 완벽을 추구하는 성향이 높을수록 비합리적이고도 지나치게 이상적인 목표를 세우게 된다. 그런 목표는 당연히 달성하기가 어렵고, 엄격한 자기평가 때문에 스스로를 열등하다고 인식하기도 한다. 따라서 완벽주의자들은 이상과 현실의 괴리로 심리적인 갈등에 시달린다. 또한 실패를 인정하기 싫어해, 어떠한 일을 완벽히 수행해낼 자신이 없으면 미루고 미루다가 기한을 놓쳐 버리는 일도 허다하다.

사실 완벽주의는 강박성 성격의 한 부분이다. 엄격하고 까다로운 통제자와 관계 맺으면서 자아를 침범당했다면, 통제자의 높은 기준을 맞추기 위해 규칙, 청결, 질서, 도덕 등을 철저히 따르게 된다. 부모, 교사, 상사 등 우리가 만나게 되는 통제자들은 아주 다양하다. 만약 통제자들이 지나치게 높은 기준을 세우고 이것을 지키라고 강요한다면 이것은 굉장한 심리적인 압박이 될 것이다.

우리는 때때로 통제자에게 사랑과 칭찬을 받고 싶은 마음, 경쟁에서 살아남아야 한다는 마음, 혹은 성과를 내야만 한다는 마음 같이 복잡한 심리상태가 되고, 이 과정에서 완벽을 추구하게 되는 것이다.

완벽주의를 극복하려면 어떻게 해야 할까? 먼저 자신이 세우는 목표가 비합리적이거나 비현실적이지는 않은지 객관적으로 보는 과정이 필요하다. 그리고 '사람은 완벽하지 않다'는 전제를 항상 새겨야 한다. 또한 실패에서 무언가 배울 수 있다는 것을 인정하고, 완벽하지 않아도 괜찮다고 되뇌자.

우리 마음속에 불안함을 몰고 오는 '완벽주의'가 사실은 스스로 만들어 낸 '덫'임을 깨닫고 완벽이라는 벽을 조금씩 허물도록 노력해야 한다. 마치 오베가 자신의 태도를 바꾸자 더욱 행복한 삶을 살아가게 된 것처럼 말이다.

CHAPTER
03

마음이 아플 때 일어날 수 있는
슬픈 자기방어

소설 속 인물로 만나는
우울성, 피학성 성격

삶을 지킬 어떤 에너지도 남지 않은 사람들

—— 우울성 성격 ——

절망과 우울의 바닥에서 하염없이 본 삶의 민낯, 그 경험의 기록

《말테의 수기》

사람들은 살기 위해
이곳으로 모여드는데,

나는 오히려,

이곳에서 사람들이
죽을 것 같다는 생각이 든다.

● 덴마크의 몰락한 귀족 청년 말테는

스물여덟 살에 여행용 가방 하나만 챙겨 화려한 꿈의 도시 '파리'로 왔다.

그러나 *이 화려한 도시는 가난한 이방인에게 초라하기 그지없는 민낯을 서서히 드러낸다.* 골목마다 병들고, 무지하고, 불결한데다 수치라고는 모르는 사람들이 가득하고, 곰팡이 피고 칠이 벗겨진 벽들이 집이랍시고 비바람을 간신히 막아 내고 있다.

아무도 자신을 모르는 이곳에서 말테는 마치 존재하지 않는 사람이 된 기분을 느끼며, 자신의 체험을 수기로 쓴다. 1부는 부모님과의 추억, 할아버지의 대저택, 첫사랑 등 유년 시절의 추억에 대한 내용이며, 2부에서는 죽음과 사랑 등 더 심오한 주제를 담은 고찰이 이어진다.

《말테의 수기》는 소설의 형식을 띠지만, 일반 소설과 달리 뚜렷한 기승전결이 없다. 다만 거리의 사람들, 혹은 가까운 관계에 놓인 인물들에 대한 관찰, 그리고 자신이 읽은 책, 주변 여자들과 관련된 에피소드들이 산발적으로 등장할 뿐이다.

그러나 부분적인 기억의 조각들은 〈인간의 인생〉이라는 대주제 아래에서 결국 전체를 이룬다. 따라서 말테가 경험한 모든 사건과 인물들은 단지 단편적인 에피소드에 그치지 않지만 말테가 전체적인 삶의 철학을 형성하는 데 반드시 필요한 주요 근거가 된다.

20세기 독일 대표 시인
라이너 마리아 릴케가 쓴 단 한 편의 소설
/

아이들은 혼자서는 아무것도 할 수 없다. 먹고, 마시고, 자고, 옷입거나 노는 것마저도 부모의 손길이 필요하다. 이렇게 부모에게 전적으로 의지하다 보니, 자연스레 부모의 가치관이나 사고방식에 영향을 받는다.

이 소설의 작가인 릴케 또한 부모로부터 자유롭지 못했다. 릴케가 어렸을 때 어머니는 먼저 죽은 릴케의 누이에 대한 슬픔을 해소하기 위해 릴케를 여자아이처럼 키웠다. 릴케가 청소년이었을 때는 군인이던 아버지가 자신의 못다 이룬 꿈인, 장교를 릴케가 대신 이루기 바라며 그를 군사학교에 보냈다. 그곳은 유약하고 감수성이 풍부한 릴케에게 어울리지 않는 곳이었고, 릴케는 중도에 그만둔다.

유년기와 청소년기를 부모님의 의지대로 산 릴케는 자신이 원하는 삶을 살고자 본격적으로 예술, 문학, 법학을 공부하며 인문학적 소양을 다진다. 니체, 루 살로메, 톨스토이, 앙드레 지드 등 유명 인사들과 어울리며 그들에게 받은 영향으로 자신의 작품 세계 또한 조금씩 넓혀 갔다.

《말테의 수기Die Aufzeichnungen des Malte Laurids Brigge》는 1910년, 릴

케가 로댕의 전기를 쓰기 위해 파리에 머물며 가난과 고독에 시달리던 시기에 쓴 소설이다. 작품 속 주인공 말테는 오래된 하숙집에서 글을 쓰며 우울한 마음을 달래고, 대도시 파리의 화려함 뒤에 숨겨진 빈곤, 무질서, 죽음, 절망 등 어두운 세계에 대해 고찰한다. 마치 릴케가 어둠 속에서 가만히 파리를 응시하며 삶의 본질을 찾아낸 것처럼.

> *"많은 사람들의 생각과는 달리, 시는 사실 감정이 아니라 경험에서 나온다."*

파리의 이방인, 말테가 수기를 쓰게 된 이유

나름 덴마크의 귀족 출신인 말테는 할아버지의 죽음과 함께 가세가 기울자 여행 가방을 꾸린다. 평소 대도시의 화려함을 동경했던 그는 옷가지들과 책 몇 권만 챙겨 무작정 파리로 떠난다. 그러나 도시의 화려함, 사치와 향락은 돈 있는 자들만 누리는 특권이었다. 가난한 청년 말테는 대도시의 중심에서 한참 밀려나, 어두운 변두리에 자리 잡고 수기를 쓴다. 주로 주변인을 관찰하고 옛 추억을 회고하거나 자신이 겪은 일이 수기의 내용이 된다.

본디 수기란 자신이 직접 체험한 일들을 생생히 기록한 글을 말한다. 그리하여 보는 이로 하여금 작가의 내면이나 사상, 철학을 간접 체험해보게끔 한다. 말테 또한 사람들을 자신의 체험과 연관지어 이야기한다. 그 경험 속에서 저마다 다른 모습의 죽음을 품고 살아간다거나, 사랑을 받는 것보다 사랑을 하는 것이 더욱 힘들다는 것, 진실된 자아를 찾는 것이 얼마나 어려운지에 대한 철학을 발견한다.

시인을 꿈꾸는 청년 말테는 사물과 인간을 보는 법을 아는 사람만이 진정한 시인이 된다고 믿는다. 시 한 구절을 쓰더라도 많은 것들을 경험해야 한다. 감정만으로는 시를 쓸 수 없기 때문이다. 말테도 몇 편의 시와 소설을 쓴 적이 있지만, 그다지 좋은 글은 아니었다고 고백한다. 젊어서 쓰는 시에는 충분한 경험이 실리지 않기 때문에 그 깊이가 얕을 수밖에 없다는 이유에서다.

즉 말테가 수기를 쓰는 이유는 진정한 시인, 그리고 진정한 작가가 되기 위해서다. 이 외에도 말테가 수기를 쓰는 이유가 하나 더 있는데, 과거의 유복하고 화려했던 추억을 곱씹으며 현실에서 도피하기 위해서다.

현재 살고 있는 낡은 하숙집에서 관찰한 인물들은 하나같이 어딘가 공허하다. 손수레에 양배추를 싣고 팔러 다니는 장님, 다리에 경련이 와 멈출 수 없어 계속 뛰는 남자, 누군가 쓰다 버린 것 같은 몽당연필을 갖고 다니며 구걸하는 노인들, 살겠다고 자선병원으로 몰려드는 빈곤하고 병든 자들….

반대로 과거 대저택에서 살았을 때의 기록은 시종관 출신의 부유한 할아버지, 까다롭지만 우아했던 할머니, 아름답지만 결벽증을 앓았던 어머니를 비롯하여 주변 귀족들의 삶을 향해 있다.

말테는 과거의 영광을 드러내며 자신은 파리의 하층민들과 다르다는 것을 강조해보려고 한다. 그러나 세상은 여전히 말테를 그들과 동급으로 본다. 말테가 자존심이 상해 도서관으로 가 시인들의 책을 읽으며 다시 한 번 자신과 그들 사이에 선을 그어 보지만, 현재 자신의 가난과 불투명한 미래에 대한 불안만 더욱 커질 뿐이다.

말테는 파리에서 철저한 이방인으로 산다. 덴마크 출신이라 실제로도 이방인이긴 하지만, 말테는 현실이 아닌 이상에서 살고 있기 때문이다. 말테는 현실에 발붙인 빈곤한 자들의 몸부림을 관찰하며 한편으로는 그들의 노력이 대단하다고도 생각한다. 하지만, 마음 한편에는 위대한 시인이 되어 과거의 영광을 되찾고자 하는 열망이 어느 때보다 더욱 강해진다.

늘 깊은 슬픔에 하염없이 젖어 있다
[말테에게 드러난 우울성 성격*]

/

우울성 성격은 단순히 슬픈 감정을 느끼는 것과는 다르다. 만성적인 우울감과 무기력증이 반복되기 때문에 세상을 비관적으로 보기 쉽고, 일상생활에서 즐거움도 거의 못 느낀다. 때로는 심한 불안감을 동반하여 수면 장애, 섭식 장애 및 기분 부전을 일으킨다.

그러나 이들은 남 탓을 하지 않는다. 미움이나 증오, 분노 같은 부정적인 감정을 느껴도 모두 자신의 탓으로 돌린다. 그래서 타인의 실수나 결점에는 관대한 반면, 자신의 약점에는 지나치게 엄격해 자기 혐오적인 모습도 띤다.

이러한 우울성 성격이 만들어지는 원인은 무엇일까. 물론 부모의 우울한 성격으로 인해 아동 역시 우울한 성격을 지니는 경우도 더러 있다. 하지만, 심리학에서는 유아기 때 경험하는 상실감이 우울성 성격을 만드는 가장 큰 원인이라고 말한다.

사람들은 아이들이 상실감을 느낄 만한 일이 뭐가 있느냐며 의아해하기도 한다. 아이들은 아직 사회적 직위나 명예, 부 같은 소위 말하는 '잃을 만한 것'이 없기 때문이리라. 그러나 아이들은 태어나면서 인간으로서 본능적 욕구를 타고나며, 일차적으로 양육자를 얻는다. 유일하게 가진 이것들을 상실하게 되면 우울성 성격을

---

* 　정신분석 이론에서는 우울성 성격을 성격의 한 유형으로 보기도 하지만, 정신질환 진단 및 통계 편람(DSM)에 따르면 우울성 성격 유형은 따로 분류된 성격 장애(Other Specified Personality Disorder)에 속한다. 현대 정신의학에서는 이를 하나의 성격으로 보기보다는 우울증(주요우울장애)이라는 단일 질환과 삽화로 분류하기 때문에 일반적으로 통용되는 성격 유형은 아님을 미리 알려 둔다.

갖게 될 가능성이 커진다.

예를 들면 아이들이 죽음이나 이혼 등으로 양육자를 잃을 경우 상실감을 느낀다. 어른이야 부부간의 문제로 결별하거나, 병이나 사고로 사별하게 된 경위를 이해할 수 있겠지만, 아이들은 다르다. 아직 대인관계 문제나 삶과 죽음의 개념을 인식하지도 못할 때이기 때문이다.

아이들은 당장 양육자가 눈앞에서 사라졌다는 것에 슬픔을 느끼지만, 정상적인 애도나 해소 방법을 몰라 슬픈 기분에서 헤어 나오지 못한다. 앞서 슬픔과 우울의 차이는 반복성에 있다고 했다. 아이들은 반복되는 슬픔이 만성적인 우울감으로 자리 잡을 때까지 아무런 조치도 취하지 못한다. 최악의 경우, 상실로 인한 슬픔을 부인하려는 주변인들 때문에, 아이가 자신의 슬픈 감정에 대해 죄책감을 느끼게 된다.

말테 또한 너무나 이른 시기에 어머니의 죽음을 경험했다. 게다가 과대망상증과 타인의 고통에 감정 이입하는 성격의 할머니 탓에 집안에서는 어머니의 죽음을 쉬쉬하는 분위기였다. 그렇기에 말테는 애도 기간도 충분히 거치지 못했다.

28세가 될 때까지 연이어 할머니와 할아버지, 아버지의 죽음을 맞이하면서도 제대로 된 위로는커녕 정상적인 애도를 배우지 못한 말테. 아버지의 죽음을 대하는 말테의 태도는 무미건조하기까지 했다. 말테가 죽음에 대해서 느끼는 감정은 슬픔이라기보다는 공포에 가까웠다.

 시도 때도 없이 죽음에 대한 공포와 불안으로 고통을 느낀 말테는 창문 없는 방에서는 자지도 못한다. 창문 밖 누군가가 자신을 위로해주리라는 희망, 그것 때문이었다. 항상 창문을 열어 놓고 주변의 소음을 들으며 자신은 혼자가 아니라고 느끼며 안정감을 찾는 말테. 그는 어쩌면 열병이 나고 악몽을 꿀 때마다 자신을 토닥여 주는 어머니의 손길과 나긋한 목소리가 그리운 것일지도 모른다. 야속하게도 창문 밖 소음들은 새벽이 되면 자취를 감춘다. 그때 찾아오는 적막함은 말테의 고독을 극대화시킨다. 그럴 때마다 과거의 일과 사람들에 대한 추억이 떠올라 쉽사리 잠들지도 못한다.

 "개개인은 여러 개의 얼굴을 지니고 있으므로, 세상 사람들의 수보다 그들이 가진 얼굴의 수는 훨씬 많다. 어떤 사람들은 한 얼굴로 몇 년씩 살아가기도 하지만, 그런 경우 그 얼굴은 자연스레 닳아 버린다. 얼룩지고, 균열이 가고, 마치 오래된 장갑처럼 헤지기도 하면서."

맘껏 우울할 수도 없어 생기는 병

[가면성 우울증]

/

언젠가 항상 밝고 구김살 없는 모습으로 인기를 끌었던 한 방송인이 자신이 가면성 우울증에 시달리고 있다고 털어놓아 대중에게 큰 충격을 안긴 바 있다. 일반적으로 우울증이라고 하면 슬픔과 비탄에 잠겨 무기력하고 침울한 모습을 떠올리는데 반해, 가면성 우울증에 걸린 사람은 오히려 쾌활하고 잘 웃어 보여 전혀 우울증 환자라고 상상할 수 없기 때문이다.

어쩌다 이들은 가면을 쓰게 된 것일까. 바로 우울증을 숨기기 위해서다. 좋은 것만 표방하는 사회에서 나쁜 것으로 찍히면 즉시 생존을 위협받는다. 따라서 보통의 사람들은 사회가 정한 좋은 것의 범주 안에 들기 위해 노력한다.

문제는 사회가 제시하는 '좋은 것'은 양지에만 있다는 것이다. 밝고, 착하고, 똑똑하고, 규칙을 준수하고, 건강한 신체와 아름다운 용모를 가질 것. 사람들은 이 기준선 안에 들어가기를 소망하며 사교육, 성형, 다이어트 같은 온갖 수단을 동원한다. 이렇다 보니 사회적으로 경쟁이 더 심해지고 개개인이 감당해야 할 스트레스는 늘어간다.

안타깝게도 우울증은 사회가 정한 좋은 것의 범주에 들어가지 않는다. 밝고 명랑한 사회를 이룩하기 위해서는 웃어야 한다. 한편 우울증은 마음의 감기라고 하여, 우울감을 느끼면 바로 신경정신과나 심리 상담소를 찾아 치료를 받기를 권하는 나라도 있다. 그러나 우리나라의 경우 정신과 치료를 받으려면 많은 것을 감수해야 한다. 정신과 진료 기록이 있으면 취업이나 승진에 불이익으로 작용한다는 편견이나, 부정적인 시선이 뒤따르기 때문이다.

이러한 이유로 우울증이 있는 사람들은 가면을 쓴다. 가면성 우울증은 주로 대중과 직접 대면하는 서비스업 종사자들이나 영업직, 대중의 인기에 영향을 받는 연예인들에게서 나타나는 정신병증이다. 이들은 겉으로는 괜찮아 보여도 이미 몸과 마음이 우울증에 잠식당한 상태다. 따라서 일상생활에서 의욕, 흥미가 떨어지고, 두근거림, 소화불량, 피로와 불면증을 호소하게 된다.

그로 인해 건강이 나빠지면서 자연스레 집중력이 떨어져 사고력이나 기억력이 퇴행하므로 전보다 깜빡 깜빡하는 횟수가 잦아진다. 이러한 신체 증상은 노년기의 신체 변화와 비슷하기 때문에 갱년기 증상이나 치매로 오해받기도 한다. 따라서 자가 진단을 피하고 반드시 전문가의 도움을 받기를 권한다. 초기 우울증의 경우 심리 치료나 약물 치료만으로도 예후가 좋기 때문이다.

현대인들은 온갖 질병을 달고 산다. 아토피, 비염, 위장 장애 및 허리 디스크까지 어느 한 군데 안 아픈 구석이 없다. 고도로 발달된 과학 기술로 인해 인간의 입지는 점점 좁아지고 있으며, 그 와중에 서로 한 자리 차지하겠다고 피 터지게 경쟁한다. 몸도 마음도 힘겨운데 사회가 요구하는 기준에 자신을 맞추느라 진정한 자기Self를 잃어버린 현대인들. 가끔은 쉼표도 한 번 찍어 보는 게 어떨까?

말테는 작품 속에서 사람들은 마치 자기 배역이 무엇인지도 모르는 채 연기하는 배우 같다고 느낀다. 뒤늦게야 맞지 않는 가면을 벗고 진실된 자신을 찾아보려고 하지만, 아직도 채 지워지지 않은 얼룩덜룩한 분장이 있어 결국은 거짓된 모습으로 살아가야 하는 점이 비슷하다고 느꼈기 때문이다.

우리 역시 사회가 요구하는 가면을 벗어 던지고 본연의 자신과 마주해야 한다. 그렇지 않으면 거짓된 모습으로 허울뿐인 삶을 살게 된다. 그 어느 때보다 자아 성찰이 필요한 시기다. 여태까지의 삶을 되돌아보고 자신을 있는 그대로 인정하면서 진정 원하는 삶이 무엇인지 파악해야 한다. 그러면 답이 나오지 않겠는가? 새로 정한 삶의 목표를 달성하기 위해 지금처럼 자신의 아픔을 숨기는 데 급급할지, 아니면 그것을 세상에 드러내고 치유할지 말이다.

버려진 존재여도
사랑을 주는 단 한 사람만 있다면

《자기 앞의 생》

"하밀 할아버지,
　사람은 사랑하지 않고도 살 수 있나요?"

모모가 물었다.

그리고 모모는 할아버지의 대답에
울어 버리고 말았다.

• 　　1980년 즈음 프랑스, 유태인과 아랍인, 흑인들이 모여 사는 빈민
가. 낡고 허름한 건물의 7층에 모모와 로자 아주머니, 그리고 그녀가 돌보
는 아이들이 살고 있다. 과거 아우슈비츠에 끌려갔다 살아남은 로자 아주
머니는 여전히 트라우마로 고통을 겪는다. 그래서 언제든 독일군을 피해
도망칠 수 있도록 지하실에 유태인 동굴을 만들어 놓고 악몽을 꾸거나 환
청이 들릴 때마다 그곳으로 피신한다.

　　모모는 열 살 난 아랍인 꼬마다. 로자 아주머니네 집에는 모모 같은 꼬마
들이 아주 많다. 대부분 어머니가 창녀라서 맡겨진 아이들이다. 그중 몇몇
은 다른 가정에 입양되고, 일부는 어머니가 찾아와 데려간다. 모모는 이 집
에서 가장 오랫동안 지낸 아이다. 자신의 이름이 모하메드이고 회교도라는
사실 외에는 자신에 대해 아무것도 모른다. 로자 아주머니는 모모가 자신의
부모님에 대해 질문할 때마다 회피해버리기 일쑤다.

　　모모는 이 집에서 가장 오래 있던 아이답게 다른 아이들을 관리하고, 때
로는 거리로 나가 하밀 할아버지 같은 길거리의 약자들과 가깝게 지낸다.
빈민가 뒷골목의 사정을 잘 알고 구걸과 물건을 훔치는 등 대담하게 행동하
는 모모지만 그래봤자 어린아이다. 가끔 아이를 데려가는 어머니들을 보는
날이면 모모는 일부러 더 엇나가는 행동을 해대고 로자 아주머니의 골치를
썩인다. 그런 모모를 로자 아주머니는 무척 미워한다. 둘은 영락없는 앙숙
같기만 하다.

시간이 흘러 모모가 좀 더 자란 만큼 로자 아주머니는 늙었다. 그녀의 건강은 아주 나빠져 혼자서는 아무것도 못하는 지경에 이른다. 가끔 정신도 온전치 못해 헛소리도 한다. 사람들은 아주머니를 병원으로 옮기자고 한다. 하지만 모모는 아주머니가 제정신일 때 절대 병원에서 죽고 싶지는 않다고 말한 것을 기억한다. 아주머니는 언젠가 모모에게 자신이 꼭 병원으로 가야 할 날이 오면 몰래 숲에다 버려 달라고 부탁했었다. 모모는 로자 아주머니가 영영 눈을 뜨지 않는 날이 올까 봐 불안해하지만 일부러 말썽을 부리며 그런 마음을 숨긴다.

아주머니의 상태가 아주 나빠진 날, 모모는 아주머니의 부탁으로 그녀를 도와 유태인 동굴로 옮겨다 준다. 그곳에서 로자 아주머니는 숨을 거둔다. 모모는 숨을 거둔 로자 아주머니를 향수와 화장품으로 예쁘게 치장해주고 자리를 지킨다. 언젠가 하밀 할아버지가 했던 말을 떠올리면서 말이다. *사람은 사랑하지 않고 살 수 없다는 그 말을.*

'로맹 가리'와 '에밀 아자르'의 탄생

매년 프랑스의 공쿠르 아카데미에서는 우수한 작품을 쓴 작가에게 작품상을 수여한다. 프랑스 4대 문학상 중 하나인 공쿠르상은 중복 수여 금지 원칙에 따라 한 작가가 단 한 번만 받을 수 있어 더욱 그 권위를 인정받고 있다.

그러나 유일하게 공쿠르상을 두 번이나 수상한 작가가 있었으니, 바로 로맹 가리다. 그는 2차 세계대전에 참전했던 전투기 조종사이자 프랑스 외교관이라는 화려한 타이틀을 가진 엘리트다. 로맹 가리는 1956년에 출간한 《하늘의 뿌리》라는 소설이 공쿠르상을 수상하면서 문단과 대중의 기대를 한 몸에 받으며 작가로서 새로운 삶을 살게 된다.

로맹 가리는 그 후로도 활발한 작품 활동으로 명성을 쌓아 갔지만, 그는 안정적인 삶에 안주하지 않았다. 대중이 그에게 기대하는 고정된 이미지에 싫증이 난데다가, 자신의 이름에 가려 작품이 제대로 평가 받지 못한다는 회의감을 느꼈기 때문이다. 결국 로맹 가리는 처음 소설을 세상에 내놓았을 때의 기쁨을 잊지 못하고 '에밀 아자르'라는 가명을 써서 네 편의 소설을 쓴다. 그리고 1975년에 집필한 《자기 앞의 생La vie devant soi》이 또 한 번 공쿠르상을 수상함으로써 공쿠르상 최초의 중복 수상자가 된 것이다.

그러나 이렇게 화려한 경력을 가진 그에게도 아픔이 있었다. 바로 아내가 약물 중독으로 사망한 것이었다. 불행은 여기서 그치지 않았다. 《자기 앞의 생》의 등장 인물인 하밀 할아버지는 소설의 초반부에서 사랑하는 사람 없이는 살 수 없다고 얘기한다. 마치 이러한 사건을 예견이라도 한 듯이 아내를 잃고 나서 상심한 로맹 가리는 66세의 나이로 권총자살로 생을 마감하고 만다. 《자기 앞의 생》이 출간된 후 5년만의 일이었다. 그가 죽고 나서야 대중에게 로맹 가리와 에밀 아자르가 동일 인물이었음이 알려지게 된다.

사랑을 믿지 않던 모모가
덤덤하게 들려주는 사랑의 이야기

/

언젠가 모모는 엄청난 우울감을 느낀 적이 있다. 바로 로자 아주머니가 자신을 사랑해서 보살펴 주는 것이 아니라, 누군가 자신 앞으로 꼬박꼬박 300프랑씩 보내 주기 때문에 데리고 있다는 것을 알아챘기 때문이다.

속상해서 울음을 터뜨린 모모에게 로자 아주머니는 아무렇지 않게 말한다. 가족이란 별게 아니라고. 마치 휴가철이면 키우던 개를 묶어 놓고 떠나는 사람들처럼, 그렇게 내버려 두었다가 개가 죽어도 신경도 안 쓰는 정도의 사이라고 말이다.

나중에 모모는 예쁜 강아지 한 마리를 훔쳐 와 애정을 듬뿍 준다. 그러다 우연히 강아지를 데리고 산책을 나간 날, 부자로 보이는 아주머니의 부탁으로 500프랑에 강아지를 판다. 로자 아주머니의 집보다 부잣집 아주머니의 집에서 사는 것이 강아지에게 더 나을 것 같아서였다. 그리고 마치 자기는 돈 때문에 강아지를 돌봐준 것이 아니라는 듯이, 그 큰돈을 하수구에 버린다.

자신이 살고 싶었던 멋진 삶. 그것은 모모가 강아지에게 줄 수 있는 가장 큰 선물이었다. 가족처럼 사랑했던 강아지를 보내고 나서 모모는 눈물을 흘린다. 가족이란 별것이라고, 끝까지 책임을 지는 것이 바로 가족이라는 나름의 항변이기도 했다.

그래서 병든 로자 아주머니가 혹시라도 밤사이 죽었을까 봐 모모는 몰래 숨소리를 듣기도 한다. 매일 아침 아주머니가 숨을 쉬는지 확인하는 두려움을 감수하면서도 그녀의 곁을 지킨다. 모모의 유일한 스승인 하밀 할아버지마저 노환으로 첫사랑의 이름을 잊어버릴 정도로 정신이 온전치 못해졌다. 그렇게 시간은 야속하게 흘렀지만, 모모는 항상 할아버지를 찾아간다. 아직도 하밀 할아버지를 기억하는 사람이 있다는 것을 알려 주기 위해서. 아직도 그를 사랑하는 사람이 있다고 말해주고 싶어서다. 이제 그들은 모모의 가족이나 마찬가지다. 그렇기에 아무리 어렵고 힘들더라도 그들을 끝까지 책임지겠다는 모모의 의지다.

그렇다고 모모가 항상 우울했던 것은 아니다. 모모는 우연히 만나 친구가 된 나딘 아주머니가 일하는 영화 더빙 녹음실을 좋아했다. 그곳은 원하는 시점으로 필름을 되감을 수 있는 새로운 세계였기 때문이다. 거기서 모모는 로자 아주머니가 아프지 않았던 시절, 하밀 할아버지가 빅토르 위고의 소설을 줄줄 외울 수 있었던 시절, 어머니가 자신을 로자 아주머니에게 맡기기 전, 자기도 부모가 있었던 시절로 돌아가는 상상을 즐긴다.

이 소설은 결국 사회적 약자들의 이야기다. 나이 들고 병이 든 사람들, 이방인, 성 소수자, 가난한 사람들과 글을 읽지 못하는 사람들. 이 모든 약자들이 살아가는 허름한 골목의 일상을 들려준다. 이들은 분명 삶을 즐길 자격이 있다. 그러나 사회적 편견 때문에 양지로 나서지 못한다.

모든 인간은 존엄하다고 했던가. 안타깝게도 모모와 거리의 사람들은 죽고 썩어서 악취를 풍기고 나서야 그 존재가 드러나는 시체 같은 삶을 산다. 사회의 시선은 어두운 곳까지는 닿지 않으므로, 이들은 결국 서로에게 의지할 수밖에 없다.

모모는 어떤 세상을 꿈꿨을까. 아이러니하게도 모모는 백화점 진열대에 놓인 서커스 모형과 같은 삶을 꿈꿨다. 현실과는 동떨어진 행복의 세계, 그곳에서 광대들은 항상 즐겁게 웃으며 춤추고 노래한다. 기계라서 고통도 없고, 노화를 겪을 일도 없으며 불행을 느끼지도 못한다. 모모의 주변에는 가난과 불행, 죽음과 늙음으로 가득하므로 그러한 걱정거리 없는 광대의 삶이 너무나도 부럽게만 느껴졌다.

"두려움엔 이유가 필요하지 않단다. 모모야."

우울함을 이해하기에는 아직 어린아이들
[모모에게 드러난 우울성 성격]

/

이번에는 소아의 우울성 성격에 대해 이야기해보려고 한다. 아이들은 어른에 비해 정신적으로 성숙되지 못했기 때문에, 자신이 느끼는 우울감을 이해하지 못한다. 따라서 한 번도 느껴 보지 못한 우울한 감정에 당황한 아이들은 평소보다 예민해지고 짜증이 늘어난다. 게다가 과격한 행동과 부정적인 언어를 자주 써서 꾸중을 듣는 일이 많아지고, 그럴 때마다 잦은 눈물을 보인다.

아이의 우울감 증상은 또 있다. 식욕이 줄고 일상생활에서 흥미나 의욕이 감퇴한다. 활동적인 놀이를 피하고 방에 틀어박혀 좋아하는 취미 한 가지에만 몰두한다. 성인이 우울감을 느끼게 되면 무기력증에 빠져 즐겨 하던 취미도 중단해버리는 등 즐거움을 느끼지 못하는 것과는 조금 다른 반응이다. 아이들은 즐거운 자극을 주는 한 가지 활동에 몰입하여 우울이라는 불편으로부터 도망치려고 한다.

한편 자신감이 떨어져 자기 비하를 일삼고 암울한 미래나 죽음이라는 어두운 주제에 빠져들기도 한다. 또한 집중력이나 사고력이 떨어져 혼자 멍하니 있는 시간이 는다. 우울감이 극심해지면 환청과 비현실적인 망상 등에 시달릴 수도 있다.

소아 우울증은 1980년에 처음으로 미국 정신의학 협회에 의해서 공식적인 질환으로 인정되었다. 그저 사춘기가 빨리 왔다거나 한 개인의 성격 문제로 보기보다 전문적인 치료를 받아 성인 우울증으로 발전하거나 재발될 가능성을 미연에 방지해야 한다.

《자기 앞의 생》에 나오는 열네 살짜리 모모는 어린 나이에 부모의 품을 떠나, 로자 아주머니네 집에서 자랐다. 열악한 그곳에서 모모는 여러 아이들과 좁은 방에서 지내야만 했으며, 길거리에서 구걸을 하거나 식료품과 옷가지 등을 훔쳐 겨우 생활을 이어갔다.

로자 아주머니는 아우슈비츠에서 얻은 트라우마를 극복하지 못한 채 초인종 소리에도 깜짝 깜짝 놀라고 악몽과 환청에 시달렸다. 아이들이 로자 아주머니에게 짓궂은 장난을 치면 그녀는 머리를 쥐어뜯으며 히스테리를 부리거나 아이처럼 울었다. 양육자가 불안을 느끼거나 심리적으로 안정적이지 못할 때 아이들은 기분 부전을 겪는다. 그리고 이러한 상황이 반복되면 우울성 성격으로 굳어진다.

　정신분석 이론에서 분류한 우울성 성격의 또 다른 특징은 무엇일까. 장시간 동안 우울한 감정에 있다 보면 무기력증에 빠져 사회생활이나 인간관계를 통해 가치를 경험하는 대신 혼자만의 상상에 빠지는 경향이 있다. 이때 환청이나 환각 등이 동반될 수 있다. 이때의 환각 경험은 머릿속 공상 세계에 국한되는 것이 아니라, 두렵고도 실제 경험되는 느낌을 포함한다.

　모모는 우울성 성격에서 함께 나타나는 '환각' 같이 심각한 수준은 아니었으나, 우울에 대한 방어기제로 상상을 즐겨 했다. 언젠가 로자 아주머니가 암사자는 새끼를 위해서라면 목숨까지 바칠 만큼 모성애가 강하다고 말해준 적이 있다. 그 때문에 모모는 매일 밤 암사자가 집안으로 들어와 자신을 비롯한 외로운 아이들을 어머니처럼 돌봐 주는 상상을 시작한다.

　또한 키 크고 덩치가 커서 어떠한 위험에서도 자신을 지켜 줄 아버지 같은 경찰 친구, 길거리에서 구걸을 할 때 항상 챙겨 다니는 우산에 '아르튀르'란 이름을 붙여 상상 친구로 삼는다. 그럼으로써 모모는 처참한 현실을 도피하면서 상상 속에서나마 결핍된 인간관계를 채울 수 있었다. 모모에게는 부모에 대한 추억도 없고 학교도 다니지 못해 또래 친구도 없었기 때문이다.

뮌하우젠 증후군,
관심과 사랑이 고픈 거짓말쟁이들

/

모모는 어머니를 찾고 싶었다. 그러나 모모가 어머니에 대해 물을 때마다 로자 아주머니는 뭔가 숨기는 듯 대답을 피했다. 모모는 화가 났다. 그래서 복통을 앓는 척하고 일부러 발작을 일으키고 말썽을 부렸다. 이렇게라도 하면 어머니가 자신을 찾으러 오거나, 로자 아주머니가 못 이기는 척 어머니에 대해 말해줄 거라 생각했기 때문이다. 하지만 이런 유치한 행동들이 통할 리 없었다. 모모는 결국 아픈 척하거나 나쁜 행동을 하는 것을 멈추었다.

모모의 행동에서도 볼 수 있듯이, 어떤 이들은 타인의 관심이나 애정을 받기 위해 습관적으로 아픈 척을 하거나 거짓말을 한다. 이것이 단순한 거짓말을 넘어서서 심해지면 정신 질환으로까지 분류된다. 바로 '뮌하우젠 증후군(인위성 장애Factitious Disorder)'이라는 것이다.

뮌하우젠 증후군, 듣기에도 생소한 이 병명은 《허풍선이 남작의 모험》이라는 소설의 모티브가 된 독일의 뮌하우젠 남작의 이름에서 유래되었다. 거짓으로 모험담을 지어내 대중의 관심을 끌었던 뮌하우젠 남작. 이는 끊임없이 거짓말을 하며, 심지어 자신의 거짓말이 진짜로 일어난 일이라고 믿는 리플리 증후군과도 비슷해 보인다. 하지만 타인의 관심을 끄는 것이 목적인 뮌하우젠 증후군과는 달리 리플리 증후군은 자기의 욕구를 충족시키기 위해 거짓말을 한다는 점에서 확연히 차이점을 보인다.

뮌하우젠 증후군을 겪는 사람들은 어렸을 때 부모의 사랑을 충분히 받지 못한 경우가 많다. 그때의 애정결핍과 박탈감에 대한 보상심리로 타인의 관심과 애정을 갈구하게 된다. 꾀병이나 거짓말 같이 비교적 가벼운 행동부터 자해에 이르기까지 다양한 방법으로 타인의 동정심을 자극한다. 이 과정에서 우울이나 기억상실, 해리 등의 심리적 증상 및 실제로 고통을 느끼는 신체적 증상이 나타날 수 있다.

반대로 '대리 뮌하우젠 증후군'이라는 것도 있다. 뮌하우젠 증후군은 자신을 아픈 것으로 포장하는데, 대리 뮌하우젠 증후군은 타인에게 실제로 고통을 준 뒤 자신은 치료자나 보호자의 역할을 함으로써 제 3자들의 칭찬을 이끌어 낸다. 주로 자신의 자녀나 애완동물이 피해의 대상이 된다.

2015년 독일에서는 남자 간호사 '닐스 회겔'이 환자들에게 치사량의 약물을 주입해 사망에 이르게 해 구속되었다. 그는 환자들의 상태가 나빠졌을 때, 마치 구세주처럼 나타나 소생시키는 행위에서 희열을 느꼈다고 한다. 독일 당국의 조사 결과에 따르면, 피해자가 90여 명에 이를 것이라고 하니, 참으로 끔찍한 사건이 아닐

수 없다.

뮌하우젠과 대리 뮌하우젠 증후군은 애정 결핍에 시달리거나 빈약한 자아로 열등감을 지닌 경우가 많다. 이들은 다른 사람에게 많이 의존하고 그들의 관심을 비정상적으로 갈구하기도 한다.

이렇게 자신뿐만 아니라 타인까지 괴롭히는 뮌하우젠 증후군을 극복하는 방법은 무엇일까? 바로 자신의 내면을 키워 자율성을 회복하는 것이다. 자존감을 키우면 다른 사람에게 의지하지 않고도 자신의 만족감을 높일 수 있다. 또한 자신에게 결핍이나 박탈감을 준 초기의 원인을 찾아내고 치료와 상담의 도움을 받아 극복해야 한다.

당신이 사랑받고 싶은 만큼, 남도 사랑받고 싶은 욕망이 있다는 것을 기억하자. 사랑을 주는 것 역시 상당한 에너지가 소모되는 일이다. 무작정 퍼주다가는 방전되고 말 것이다. 그러니 사랑받기만을 원하지 말고 상대방에게 조금이라도 애정과 관심을 전해보자. 금세 당신이 사랑받을 차례가 올 테니까.

고통과 학대를 견뎌 내는 사람들

—— 피학성 성격 ——

폭력에 익숙해져 버린
여자들의 인생에 빛을 비춘다면

《천 개의 찬란한 태양》

"지붕 위에 은은하게 빛나는 달들과,

담 뒤로 숨어 버린 수많은 찬란한 태양들은
그 누구라도 셀 수 없다네."

_사이브에타브리지(saib-e-tabrizi)의 시 〈카불〉 중.

●   마리암은 헤라트 시내 영화관의 사장인
잘릴의 딸이다. 정확히 말하자면 잘릴과 가정부 나나 사이에서 태어난 사
생아다. 잘릴은 자신의 명예를 지키기 위해, 그리고 이미 셋이나 있는 부
인들의 성화에 못 이겨 나나를 내쫓는다. 하지만 매주 목요일마다 딸인
마리암을 만나러 간다.

마리암은 잘릴을 아빠로 인정하고 존경하지만, 잘릴은 여전히 마리암의
존재를 불명예스럽게 여긴다. 나나는 잘릴이 자신에게도 그러했듯이 마리
암을 내칠 것이라고 경고하지만 마리암은 믿지 않는다. 그러다 진짜로 잘릴
에게 버림받고 마리암은 다시 엄마가 있는 오두막으로 돌아오지만, 나나는
마리암에 대한 배신감과 다시 버림받을 것이라는 두려움으로 이미 목을 매
고 자살해버렸다.

잘릴에 대한 분노와 나나에 대한 죄책감을 안은 채 마리암은 나이 많은
구두장수 라시드에게 팔려가다시피 결혼한다. 결혼 후 마리암이 계속 유산
을 하자 라시드는 그녀를 폭행한다. 고향을 떠나 카불로 온 마리암은 의지
할 곳 없이 외롭게 산다. 마을의 신여성인 파리바를 부러워하다, 그녀가 아
들 둘을 전쟁에서 잃고 망가지는 모습, 그리고 로켓탄을 맞아 남편과 함께
죽게 되는 것까지 지켜본다. 그러다 라시드가 그 집안의 유일한 생존자인
파리바의 딸 라일라를 둘째 부인으로 맞이하자 은근히 견제하고 미워한다.

● 　　　　　　　　　　　　　　라일라는 사랑하는 남자가 있었다. 지뢰로 한쪽 발을 잃은 타리크. 그는 전쟁을 피해 다른 지역으로 떠나고 라일라는 상심한다. 그녀는 이미 전쟁으로 부모까지 잃고, 부상도 입었다. 그래서 어쩔 수 없이 라시드의 집으로 가 둘째 부인이 되었고, 첫째 부인 마리암에게 죄책감을 느낀다.

우연한 기회에 둘은 마음을 열고 서로 의지하나, 라일라가 딸을 낳자 라시드는 냉대하기 시작한다. 마리암과 라일라에게 무차별적으로 가해지는 폭력. 그러나 감히 여자가 남자를 이길 수 없다는 사회적 편견 때문에 둘은 **참고 버틴다.**

수년 후 라일라는 결국 아들을 낳지만 상황은 나아지지 않는다. 라시드는 오직 아들만 사람 취급을 하고 무리해서라도 좋은 것을 사주려는 마음에 빚까지 떠안게 된다. 점점 굶는 횟수가 늘어나는 가족들. 그러던 중 죽은 줄로만 알았던 라일라의 첫사랑 타리크가 집으로 찾아오고 라일라는 흔들린다.

그 둘이 만난 것을 눈치 챈 라시드는 라일라를 죽이려 들고, 마리암은 용기를 내어 라시드를 삽으로 내려친다.

라일라는 타리크와 함께 국경을 넘고, 평화로운 삶을 살게 되지만, 마리암은 라일라를 위해 기꺼이 살인자가 되어 사형수로 생을 마감한다. 라일라는 마리암에게 죄책감을 느끼며 그녀가 어머니와 살았던 오두막으로 가 마지막 인사를 하려 한다. 그런 라일라에게 마리암의 옛 스승이 상자 하나를 전해준다. 바로 마리암의 아버지 잘릴이 남긴 것이었다. 그 안에는 그동안 마리암에게 잘해주지 못한 것에 대한 미안함이 담긴 편지와 돈, 그리고 어 렸을 적 마리암이 그렇게 보고 싶어 한 만화영화 '피노키오'의 테이프가 들 어 있었다.

소설을 쓰는 의사 '할레드 호세이니', 아프간의 딸들에게 바치는 천 개의 찬란한 태양

/

할레드 호세이니Khaled Hosseini는 소설 속 주인공 라일라와 같이 아프가니스탄의 소수민족 타지크 족 출신이다. 또한 라일라의 아버지가 교육자였던 것처럼 할레드의 어머니 역시 교사였다. 그의 가족들은 아프간에 공산주의 정권이 들어서자, 미국으로 망명했다.

그러나 미국에서의 삶은 녹록치 않았다. 외교관이었던 할레드의 아버지는 자동차 운전학원에서 강사로 일하며 겨우 생계를 이어갔다. 할레드는 집안을 일으키겠다는 일념 하나로 영어를 배우고, 결국 의대에 진학했다. 그러나 마음속에는 항상 문학에 대한 사랑을 품고 있었고, 의사로 일하면서도 틈틈이 소설을 썼다. 그리고 2003년,《연을 쫓는 아이》라는 소설로 문단에 데뷔한 그는 4년 뒤 더욱 화려한 차기작으로 돌아온다.

《천 개의 찬란한 태양A Thousand Splendid Suns》은 2000년대 전후의 아프가니스탄을 그리고 있다. 공산주의 정권이 들어섰다 몰락하고, 탈레반이 집권하여 나라를 통치하는 사이에 아프가니스탄의 여성들의 인권은 바닥으로 떨어졌다. 여성은 남성의 소유물으로 전락해 남자의 허락 없이는 집 밖으로 나가지도 못했다. 열악한 여성 전용 병원에서 마취도 없이 수술을 받았던 여성들은, 아파서 죽거나 치료를 받다가 죽기도 했다.

할레드 호세이니는 소설에서 아프간의 딸들을 속박하는 모든 것들을 고발한다. 길거리를 날아다니는 총탄이나 탈레반의 엄격한 규율보다 더 무서운 것은 가정마다 하나씩 있는 독재자들이다. 당시 사회를 지배하던 전쟁에 대한 두려움은 약자를 향해 집중 포화되었다. 여성은 집안일을 하고 남편의 비위를 맞추고 아이를 길러주는 존재일 뿐이고, 사회적으로 가정폭력은 정당화되었다.

부르카 속에 숨겨진 여성들의 눈빛, 그것은 마치 벽 뒤를 수놓은 태양빛처럼 가리려고 해도 가릴 수 없고 아무리 부정하더라도 여전히 존재하는 것이다. 할레드 호세이니는 작품 속에서 아프가니스탄 여성들의 비극적인 삶을 조명하며, 이들도 행복과 자유를 누려야 할 똑같은 인간임을 말한다. 나아가 이들의 딸들은 좀 더 나은 삶을 살아야 한다고 주장한다.

"어떠한 고난과 역경도, 아무것도 할 수 없이 단지 기다리기만 하는 것보다 괴롭지는 않았어."

여성 마리암, 그녀는 무엇인가
/

인간이란 무엇인가. 어떤 이는 창조론을 들어 설명할 것이고, 또 다른 이는 진화론을 들먹이며 우리는 원숭이 1, 원숭이 2에 불과하다고 말할지도 모른다. 물론 창조론과 진화론 사이의 끝나지 않는 논쟁에 끼어들 생각은 없다. 다만 다음에 이어질 질문에 앞서, 꼭 물어보고 싶은 질문이다.

드디어 다음 질문이다. 여성이란 무엇인가. 이런 질문에는 사실 답이 없다. 아마 세상의 인구수만큼이나 다양한 답이 나올 수도 있다. 나는 두 가지 질문에 모두 '나 아니면 너'라고 답하겠다. 우리 모두 인간이고 우리 중 누군가는 여성이다. 남성이 무엇이냐고 묻는다고 해도 답은 똑같다. 남성과 여성은 결국 모두 같은 인간이기 때문에 두 질문 모두 '나 아니면 너'라는 대답으로 충분하지 않을까.

그러나 아직도 여성은 남성의 소유물쯤으로 생각하는 사람들도 있다. 생각은 자유요, 착각도 자유겠지만 생각은 행동의 전제가 되기 때문에 이것은 꽤 위험한 생각이 아닌가 싶다. 멀리 갈 필요도 없이, 아프간 여성의 삶을 다룬 《천 개의 찬란한 태양》 속 여성들의 기구한 삶을 보라. 이들은 비뚤어진 여성관을 가진 누군가에게 지독히 괴롭힘을 당하며 버티듯이 살아간다.

이 소설에는 마리암과 라일라라는 두 여성이 등장한다. 이들은 라시드라는 남자의 아내다. 원래 라시드에게는 아름다운 부인과 아들이 있었다. 그러나 아내가 죽고, 자신의 부주의로 아들이 물에 빠져 죽자 한순간에 불행해진다. 그에게는 아내가 필요했고, 아들이 필요했다. 자신 때문에 아들이 죽었다는 죄책감을 조금이라도 덜기 위해서다.

　결국 아들을 낳아 줄 여성을 찾고 있던 라시드 앞에 갓 열다섯 살을 넘긴 마리암이 나타난다. 그러나 마리암이 계속해서 유산하자 그녀를 인간 이하의 취급을 하며 구타한다. 마리암의 대체자 라일라마저 딸을 낳았다는 이유로 라시드에게 폭력을 당한다. 나중에는 그렇게 원하는 아들을 낳아 줬는데도 라시드의 폭력은 멈추지 않는다.

　라시드의 폭력에는 이유도 없다. 만약 아이를 낳지 못한다는 이유로 마리암을 때렸다면, 딸을 낳은 라일라는 때리면 안 됐다. 만약 아들을 낳지 못했다는 이유로 라일라를 때렸다면, 그녀가 아들을 낳고 나서는 폭력을 멈췄어야 했다. 라시드는 단지 비뚤어진 여성관 때문에 폭력을 행사했을 뿐이다.

　한 개인이 여성관을 확립하는 과정에 큰 영향을 주는 것은 그가 속한 사회의 전통과 문화다. 이것은 몇 세대에 걸쳐 쌓아 올린 민족의 역사이다. 그렇기에 단기간에 바뀌기 힘들 뿐더러, 문화적 다양성이라는 보호구역에 들어 있기도 하다. 그 속에서 핍박받으며 버티듯 사는 여자들은 어떻게 해야 할까? 언제쯤 마리암과 라일라의 사회에도 보편타당한 여성관이 자리 잡게 될까? 그날이 오면, 마리암은 사형수가 아니라 생존자가 되어 해피엔딩을 맞이할 수도 있을 텐데.

"자, 봐라. 어떤 것은 내가 너에게 가르쳐 줄 수도 있고, 어떤 것은 책에서 배울 수 있어. 하지만 네가 직접 보고 느껴야만 알 수 있는 것들도 많단다."

나는 당해도 어쩔 수 없는 운명이야
[마리암에게 나타나는 피학성 성격]

/

피학성 성격이란 무엇일까? 보통 피학은 가학과 세트를 이루며 성애적 측면에서 다루어져 왔다. 전자는 맞으면서 느끼는 고통에서 쾌락을 얻고, 후자는 남을 고통스럽게 만들면서 성적으로 흥분을 느끼는 것을 말한다. 그러나 여기서는 성적 피학증 외에, 성격적 측면에서 바라본 피학성에 대해 이야기하려 한다.

피학성 성격이란 자기패배적인 성격을 말한다. 보통 사람들은 피학성 성격이 고통을 즐기는 부류를 일컫는 말이라고 종종 오해한다. 그러나 피학성 성격을 가진 사람들은 고통을 좋아한다기보다는 어떠한 목적을 위하여 수동적으로 고통을 견뎌 내는 것이다. 이들은 인내의 끝에 고통의 종결이나 보살핌 등을 기대하는 보상 심리를 갖고 있다. 그리고 이러한 무의식적 감각에 매달려 아무리

고통스러운 상황이라도 버티고 견딘다.

피학성 성격의 스펙트럼은 아주 다양하다. 고통을 쾌락으로 받아들이거나 스스로 적극적으로 가해를 당하려는 이들부터 자기희생적인 사람들까지도 넓은 의미에서 피학적 성격을 가졌다고 볼 수 있다. 그러나 피학성 성격을 가진 사람들은 주로 자신을 고난에 몰아넣어 누군가의 관심을 끌려고 하거나, 혹은 이러한 상황을 헤쳐 나가는 자신의 모습으로 자존감을 얻거나 타인에게 보이는 이미지를 만들어 낸다. 이들은 위로받고 싶어 하고, 동정심을 사고 싶어 한다. 그래서 몸에 크고 작은 상처들이 많고, 잦은 사고나 실수를 저지른다.

피학성 성격은 어린 시절의 학대당했던 기억에서 출발한다. 부모나 선생님 같은 양육자 혹은 권위자에게서 학대받은 경험이 있는 아이들은 폭력에 맞설 힘도, 도망칠 곳도 없다는 것을 잘 알기 때문에 무력감을 느낀다. 그리고 버림받지 않기 위해 폭력을 견딘다.

한편 어릴 적 학대당한 경험이 없어도 피학성 성격이 될 수도 있다. 바로 아이들에게 무관심하고 무뚝뚝한 부모들 때문이다. 평소에는 무심했던 부모들이 아이들이 다치거나 사고를 당하면 살뜰히 보살펴 주는 경우, 아이들은 부모의 애정과 관심을 얻기 위해 일부러 다치거나 사고를 당하려고 한다.

그렇다면 소설 속 마리암의 상황을 살펴볼까? 마리암은 사생아로 태어나 친아버지에게 버림받고, 생모에게 구박당하며 자랐다. 어머니는 마리암이 친아버지에게 가고 싶다는 의중을 내비칠 때마다 너도 결국 자기처럼 버림받을 것이라는 둥, 아버지는 사생아인 너를 수치스러워할 것이라는 둥 저주에 가까운 폭언을 퍼부었다. 이런 학대를 받으며 마리암은 점점 자신감을 잃고 실제로 친아버지가 자신을 부끄럽게 여긴다는 걸 알게 되자 어머니의 말이 모두 옳았다고 인정한다.

어른이 된 마리암은 결혼을 하고 여러 차례 유산을 경험한 뒤, 남편의 욕설과 폭력으로 몸과 마음이 모두 다치지만 한 번도 반항하지 못한다. 이미 어렸을 때부터 자신이 소중하다는 사실을 말해 주는 사람이 아무도 없었다. 그래서 고통에 익숙해지는 것 외에는 자신이 할 수 있는 일이 없다고 생각했기 때문이다.

그러나 라일라는 달랐다. 남성과 여성은 평등하다는 것을 일깨워 준 아버지로 인해 라일라는 당당하고 똑똑한 여성으로 자란다. 그녀는 이유 없는 폭력과 멸시, 폭언 등에 맞서 싸웠다. 심지어 마리암이 당할 때는 그녀를 보호해주기까지 했다. 버림받을 것이 무서워 폭력 남편에서 벗어나지 못한 것이 아니라, 불평등한 사회 시스템 때문에 참고 견디며 도망칠 날만을 기다린다.

라일라의 영향으로 마리암 또한 남편에게 맞설 수 있는 용기를 얻게 된다. 그리고 마리암은 이제는 친딸처럼 가까워진 라일라를 위해 자기 삶의 행로를 스스로 결정한다.

매 맞는 아내,
폭력이 익숙해져 버린 사람들의 심리
/

언젠가는 좋은 날이 오기만을 바라며 그저 수동적으로 고통을 참고 견디는 사람들. 심리학에서는 이들을 피학성 성격을 가졌다고 말한다. 도대체 누가 얼마나 큰 부귀영화를 누리겠다고 고통을 참으면서까지 그 상황을 버티고 있는 것일까? 의외로 이들에 대한 소식은 심심치 않게 찾아볼 수 있다. 바로 매 맞는 아내들이다.

매 맞는 아내는 아프다. 남편의 폭력도 아프지만 사람들의 시선 때문에도 아프다. 아무것도 모르는 사람들은 그렇게 맞고도 왜 같이 사냐고 묻는다. 매 맞는 아내는 고통과 고난을 즐겨서 이혼을 안 하는 게 아니다. 오랜 기간 폭력을 당하면 심리가 위축되고 무력감에 빠진다. 더 무서운 것은 이다지도 아픈 폭력에 익숙해진다는 것이다.

그렇다면 이들이 폭력을 견디는 이유는 무엇일까. 바로 자신의 고통을 정당화하면서까지 폭력을 감내할 목적이 있기 때문이다. 대부분의 가정폭력 피해자는 가정을 지키기 위해 섣불리 이혼하지 않으려고 한다. 좋든 나쁘든 자녀들에게 아버지의 역할이 필요한

때가 오기 때문이다.

매 맞는 아내들은 자신이 학대받고 있다는 사실을 정확히 인지하지만 이것을 부정한다. 애써 남편의 장점을 떠올리며, 폭력에서 선의를 찾으려고 한다. 폭력이 반복될수록 그 원인을 자신의 잘못에서 찾으려 한다. 가정폭력을 자신의 잘못에 대한 처벌이라고 생각하면서 정당화하는 것이다. 미국의 심리학자 워커Lenore E. Walker는 매 맞는 아내 증후군을 주장하며, 이렇게 매 맞는 아내들이 상황을 개선하는 노력보다는 순응하는 과정을 일컬어 '학습된 무기력learned helplessness'이라고 말한 바 있다.

또는 더욱 근본적인 문제 때문일 수도 있다. 바로 애정 결핍이 있는 경우다. 누군가에게 사랑받고 관심받는 것을 좋아하는 사람은 그 욕구를 채우지 못하면 불안을 느낀다. 따라서 특정인에게 지나치게 의존하거나, 그에게 버림받는 것을 병적으로 두려워한다. 그렇기 때문에 관계를 유지하고자 신체적, 정신적 고통마저 견디려는 것이다.

물론 남성과 여성 모두 폭력은 금지되어야 하지만, 사회적 분위기와 신체적인 취약성 때문에 여성이 폭력에 더욱 많이 노출되고는 한다. 우리나라의 경우, 가정폭력의 피해 여성의 수는 선진국보다 5배 이상 높은 수준이다. 부끄러운 수치지만, 눈여겨봐야 한다. 이렇게 높은 수치에 대한 근거 또한 찾아봐야 할 것이다. 아마도 우리 사회의 통념상 남성들이 사회에 참여하는 비율이 월등하게 높아 가정의 경제권을 지닌 경우가 많고, 또한 권위적이고 가부장적인 가장의 이미지가 아직 견고하기 때문이 아닐까?

가정폭력은 비단 아내에게만 국한되는 것이 아니다. 가정폭력을 보고 자란 아이들은 폭력 사건의 가해자가 될 가능성이 많고, 노인들 또한 폭력으로 인한 우울증에 시달리게 된다는 점에서 사회적 문제가 될 수 있다. 여성에서 아동으로, 아동에서 노인으로 이어지는 비겁한 굴레를 이쯤에서 끊어야 하지 않을까. 여기에는 사회의 역할이 중요할 것이다.

매 맞는 여성 또한 스스로 소중한 존재라는 것을 일깨워야 한다. 이들이 폭력으로 다친 마음을 치료해 당당히 자기 목소리를 낼 수 있도록 사회 어디에서나 심리 치료를 받을 기회도 늘어나야 한다. 이는 여성뿐만 아니라 폭력의 피해자라면 누구나에게 해당되는 일이다.

폭력에서 유일한 도피처가 되어 주는
가상의 친구가 있다면

《나의 라임오렌지나무》

"슈르르까.

만약에 뽀르뚜가 아저씨가
우리 아버지라면 어땠을까?"

매일 집에서 술만 마시는 무능력한 아버지,
돈을 버느라 늘 지쳐 있는 어머니,
그리고 제제를 말썽꾸러기로만 보는 형과 누나들.

부유하고 신사적인 뽀르뚜가 아저씨는
제제가 꿈꾸던 완벽한 아버지였다.

•   동네에서 알아주는
말썽꾸러기 제제. 아버지가 실직하며 어려워진 가정 형편에 어머니와 큰
누나가 공장에 나가 돈을 벌고, 가족은 더 작은 집으로 이사를 간다. 바로
그 집에서 만난 어린 라임오렌지나무는 제제의 상상 친구가 된다.

제제는 나무에게 밍기뉴라는 이름을 붙이고, 기분이 좋을 때는 슈르르까
라고 부른다. 제제는 밍기뉴에게 마음속 비밀도 털어놓고, 상상의 세계에
서 함께 사냥터를 누비고 인디언들과 싸우며 함께 즐거운 시간을 보낸다.

그러다 멋진 차를 가진 뽀르뚜가 아저씨와 둘도 없는 친구가 된 뒤부터
제제는 밍기뉴와 멀어진다. 뽀르뚜가 아저씨는 제제에게 딱지와 구슬, 맛
있는 케이크와 사탕을 사주면서 가난한 아버지가 해줄 수 없는 많은 것들을
해준다. 제제가 말썽을 부려 가족들에게 두들겨 맞아 울적할 때, 뽀르뚜가
아저씨는 제제를 멋진 자동차에 태워 훌쩍 드라이브를 떠나거나 교외로 낚
시를 하러 가면서 기분 전환을 시켜 준다. 제제가 욕을 하거나 선정적인 노
래를 부르지 않도록 부드럽게 타이르며 아버지의 역할을 해준다. 그러나 그
런 뽀르뚜가 아저씨가 기차에 치여 세상을 떠나자 제제는 생애 가장 크고
아픈 이별을 맞는다.

한편 작은 라임오렌지나무는 어느새 다 자라 흰 꽃을 피운다. 그러나 제
제는 *어쩐지 어른이 된 밍기뉴가 보기 싫다.* 제제 또한 철이 들어, 어렸을 적
자신의 놀이터였던 상상의 세계에 이별을 고한다.

J.M. 바스콘셀로스, 제제의 입을 빌려 말하는 작가의 이야기

/

　브라질의 유명 작가 바스콘셀로스J. M. de Vasconcelos. 그는 인디언계 어머니와 포르투갈계 아버지 사이에서 태어나 가난한 유년 시절을 보냈다. 좋지 않은 가정 형편에도 불구하고 의대에 진학할 정도로 학업에 충실했던 바스콘셀로스는 학비 때문에 이내 대학을 그만두고 만다. 그러고 나서 그는 복서, 농장 인부, 어부, 나이트클럽 웨이터를 전전한다. 종잡을 수 없는 방랑과 모험은 그에게 다양한 삶을 체험해볼 기회를 주었지만, 감수성과 창조성을 채워 주지는 못했다. 결국 먼 길을 돌아온 끝에, 한때 수영 선수나 축구 선수가 되고 싶었던 어린 소년은 작가가 되어 자신의 불우한 유년기를 소재로 소설을 쓴다.

　《나의 라임오렌지나무My Sweet Orange Tree》는 아름답기만 한 동화가 아니다. 이 소설은 가난과 폭력, 그리고 죽음을 담고 있다. 또한 고통 속에서도 피어나는 사랑과 우정을 그린다. 1968년에 출간된 이 소설은 세상에 나오자마자 엄청난 판매부수를 기록하고 영화로도 제작된다. 브라질에서는 초등학교 강독 교재로도 쓰이며 19개국에 번역 출판되기에 이른다. 우리나라에서는 1980년대 베스트셀러에 등극해 300만 부 이상의 판매고를 올렸다. 《나의 라임오렌지나무》는 주인공 제제의 유년 시절을, 이어지는 속편 《햇빛사냥》과 《광란자》에서는 제제의 소년기를 다룬다. 이 세 권의 소설을 이어 감상한다면 마치 한 소년의 성장통을 가까이에서 지켜보는 감정을 느낄 수 있다.

"사랑하는 뽀르뚜가 아저씨,

전 너무 일찍 철이 들어 버린 것 같아요."

비정상적인 가정, 다섯 살 난 꼬마 제제의 생존기
/

불행은 아버지가 동료와 싸워 해고당한 날부터 시작되었다. 어머니는 당장 생계를 위해 공장에 나가 돈을 벌었다. 아버지는 하루 종일 멍하니 식탁에 앉아 있거나 노름을 했다. 제제의 형과 누나들도 아직은 부모의 보호가 필요한 아이였지만 조금 더 나이가 많다는 이유로 어린 동생들을 보살펴야 했다. 결과적으로 각자에게 어울리지 않는 역할을 맡아 모두 스트레스를 받았다.

제제는 똑똑한 아이다. 하나를 알려 주면 절대 잊어버리지 않았다. 글도 혼자서 깨우쳐 어느 날 갑자기 신문을 줄줄 읽을 정도다. 이것은 누구나 다 인정하는 사실이었다. 다들 제제가 자라면 큰 인물이 될 거라고 얘기했다.

그러나 정작 제제의 가족들은 제제를 골칫덩어리로만 보았다. 제제가 조금만 잘못해도 윽박지르고 때렸다. 제제는 똑똑한 아이라서 말로 해도 충분히 알아들었을 텐데 가족들은 제제가 실수하면 손부터 올렸다.

　보통의 다섯 살 꼬마라면 인식조차 하지 못했을 가난을 누구보다 어른스럽게 이해하고 있었던 제제. 돈을 못 버는 아버지가 가엾고 공장에 다니는 어머니의 허리디스크가 걱정된 아이는 종종 제 몸만 한 구두통을 들고 나가 길거리에서 구두닦이 일을 하며 푼돈을 벌었다. 때로는 구슬치기나 딱지치기로 장난감을 모아 되팔아 적게나마 용돈을 벌었다.

　그렇게 돈을 벌어 동생 루이스에게 장난감을 만들어 주거나 군것질을 했다. 동생은 자신보다 더 행복하기를 바라서였다. 제제 자신은 가난한 현실에서 도망치기 위해 마음속 작은 새와 노래를 부르거나, 집 뒤뜰의 작은 나무와 상상의 세계에서 사냥놀이를 하는 것이 전부였다. 하지만, 루이스에게는 항상 왕이라고 불러 주고 풍선을 만들어 주거나 동물원 놀이를 하며 누구보다 잘 챙겼다.

　제제는 항상 사랑에 목말라 했다. 누군가 진정으로 자신을 걱정해주고 챙겨 주기를 바랐다. 매일 덥수룩하고 냄새나는 옷을 입은 채 집 한구석에 멍하게 앉아 있는 아버지가 아니라, 말끔하고 돈도 많으며 친절하고 아는 게 많은 사람이 자신을 돌봐 주기를 바랐다.

그 모든 조건을 채운 뽀르뚜가 아저씨가 자신과 친구가 되어 주었을 때, 제제는 행복을 느낀다. 언젠가 제제가 유리 조각에 발을 베였을 때, 가족들은 소금물에 발을 담그는 것으로 치료를 대체했지만 뽀르뚜가 아저씨는 제제를 병원에 데려가 치료받게 했다. 아저씨는 제제에게 맛있는 점심을 사주고 영화관에도 데려가고, 근교로 낚시와 드라이브도 다니며 새로운 세계를 경험하게 해준다.

제제의 실수에 손부터 올리는 가족들과는 달리, 아저씨는 부드럽게 타이르면서 스스로 반성할 기회를 주었다. 제제가 상스러운 욕을 해도, 달리는 기차에 몸을 던져 죽겠다고 해도 뽀르뚜가 아저씨의 훈육 방식은 언제나 일정했다. 강압적인 방법보다는 제제가 자율적으로 실수에 대처할 수 있도록 돕는 것이 더 효과적인 양육임을 알았기 때문이다. 제제는 그런 뽀르뚜가 아저씨가 좋았다. 그래서 용기를 내어 뽀르뚜가 아저씨에게 자신의 아버지가 되어 달라고 고백한다. 그 말을 들은 아저씨는 감동의 눈물을 흘린다.

기차 사고로 뽀르뚜가 아저씨가 하늘나라로 떠나자, 제제는 마치 자신의 전부를 잃은 양 식음을 전폐하고 열병에 시달렸다. 그렇게 좋아하던 상상의 세계에도 들어가지 않고, 밍기뉴와도 말하지 않았다. 마음속 노래를 부르던 작은 새는 이미 제제를 떠나간 지 오래였다.

제제는 장난이 심한 말썽꾸러기이긴 했지만, 가족을 제외한 모든 사람들은 제제를 사랑했다. 만물박사 에드문두 아저씨는 제제의 호기심을 풀어 주었고, 노래를 잘하는 악보장수 아리오발두 아저씨는 제제가 최신 곡을 마음껏 부를 수 있게 해주었다. 세실리아 선생님은 칭찬이 고픈 제제에게 무한한 애정과 신뢰를 주었다.

제제의 아버지는 재취업에 성공하고 다시 착하고 좋은 아버지로 돌아왔다. 하지만 제제의 마음속에 아버지는 한 분뿐이었다. 바로 뽀르뚜가 아저씨다.

"제제, 내 차를 태워 주마. 그럼 넌 그 멋진 이야기들을 나에게 들려주는 거야."

내가 잘못해서 엄마(아빠)한테 맞은 거아
[제제에게 나타난 피학성 성격]

/

이번에는 아동의 피학성 성격에 대해 살펴보자. 피학성 성격을 지닌 아동들은 고통의 원인을 자신에게 둔다. 만약 진짜로 부모가 자신을 미워해서 때린다거나 혹은 무관심했다면, 그 슬픔을 감당할 수 없기 때문이다. 그래서 자신에게 잘못이 있어서 부모님이 당연한 처벌을 한 거라고 합리화한다.

제제는 입버릇처럼 말한다. 자신은 나쁜 아이이며 어쩌면 악마일지도 모른다고. 아무 짝에도 쓸모없는 아이라서 아무도 자신을 좋아하지 않는다고 말이다. 제제는 만약 자신이 착한 아이였다면 가족이 이렇게 자기를 미워하거나 때리지 않았을 것이라고, 나름의 추정을 한다. 가족 중에서 자신을 가장 아껴 주는 글로리아 누나에게는 사람들이 자기를 좋아해주지 않아 견딜 수 없이 외롭고 슬프다고 털어놓으며 울음을 터뜨리기도 한다.

또한 피학성 성격을 지닌 아동은 자신을 방어하기 위해 '행동화'라는 방식을 사용한다. '행동화'는 이차적 방어 과정* 중 하나로 불안이나 두려움을 줄이기 위해 특정 행동을 저지르는 것을 말한다.

매도 먼저 맞는 게 낫다는 말이 있다. 아이들은 혼날 상황을 미리 가정하고, 불안해하다가 일부러 양육자를 화나게 만들어 결국 혼나고 만다. 이건 아이들이 말썽쟁이라서가 아니다. 지속되는 폭언이나 폭행에 익숙해진 아이들은 언제 혼날지 몰라 항상 불안에 떤다. 불시에 화를 당하느니 차라리 자기가 먼저 말썽을 부려 스스로 처벌받을 시기를 정하는 게 낫다고 생각하는 것이다.

《나의 라임오렌지나무》에서도 행동화의 특징이 드러난다. 제제의 아버지는 동료와 싸워 해고를 당할 정도로 폭력적이다. 제제가

---

* 언어 능력을 습득하기 전인 유아기 때부터 사용하는 일차적 방어 과정보다 성숙된 상위 방어 과정을 말한다.

실수했을 때 잘못을 고치기를 기다려 줄 만큼 인내심이 없다. 그러한 폭력적인 가정에서 자란 아이들은 가해자와 자신을 동일시하여 가학적인 행동을 보이기도 하는데, 제제의 다른 형제들이 그렇다. 형제들도 제제가 말썽을 부릴 때마다 손찌검을 한다.

고작 다섯 살 난 아이 제제는 혼날 것임을 알면서도 알 수 없는 충동에 이끌려 말썽을 부린다. 뱀 모형을 만들어 임산부를 놀라게 하고, 바닥에 초칠을 하여 친구 어머니를 넘어뜨린다. 이웃집의 빨래 줄을 끊거나 과일 서리를 한다. 말썽을 부리면 더 혼날 것임을 알면서도 악에 받쳐 상스러운 욕을 하거나 상대방을 죽이겠다고 복수를 다짐하기도 한다.

그러나 이 아이들이 충동적이라고 할 수는 없다. 다른 사람이 자신을 혼낼까 봐 너무 두려운 나머지, 계산적으로 자신이 잘못을 먼저 저질러 버리는 것이기 때문이다. 수동적으로 화를 당하는 것이 아니라, 스스로 처벌을 선택함으로써 자신이 취할 수 있는 최소한의 능동성을 추구하는 것이다. 이로써 낮아진 자존감을 회복하려는 심산이다.

폭력이라는 씨앗에서 나오는 검은 새싹들
/

몇 해 전, 한 고등학생이 어머니를 살해하는 사건이 있었다. 아버지는 이미 수년 전 가정을 떠났고, 어머니에게 남은 것은 아들 하나뿐이었다. 어머니는 아들에게 좋은 성적을 요구했다. 아들이 출세하여 자신의 위신을 세워 주기를 바랐기 때문이다. 그러나 시간이 갈수록 어머니의 간절한 소망은 욕심으로 변질됐고, 어느 순간 아들을 향한 독려는 집착과 체벌로 바뀌었다.

아들은 홀로 자신을 키워 주는 어머니를 위해 열심히 공부했지만, 어머니의 욕심을 채우기에는 모자랐다. 고학년으로 올라갈수록 성적을 유지하기 어려워졌고, 압박감에 시달리다 점점 성적이 떨어졌다. 아들은 맞지 않기 위해 성적표를 조작하기 시작했다. 그것이 들통나게 된 날, 아들은 골프채로 얻어맞았다. 아들은 더 이상 공부도, 폭력도 견딜 수 없을 것 같았다.

이것이 바로 사건이 일어난 경위였다. 이처럼 한 사건의 피해자였던 누군가가 또 다른 사건의 가해자로 둔갑해버리는 사건이 종종 있어 왔다. 왕따를 당하던 학생이 자신을 괴롭히던 무리에 속하여 다른 아이들을 피해자로 만드는 데 동참한다거나, 위의 사건처럼 아동학대의 피해자들이 자라 가해자가 되어 버리는 등의 일들이다. 어쩌다 어린 피해자들이 가해자가 된 것일까?

《나의 라임오렌지나무》에서는 아동 폭력의 현장이 여실히 드러난다. 제제는 말썽쟁이이긴 하지만, 겨우 다섯 살 먹은 꼬마다. 그런 제제를 향한 아버지의 무차별적인 폭력은 독자들의 눈물샘을 자극한다. 온몸에 멍이 들고 얼굴이 퉁퉁 붓고 이가 부러질 정도로 맞는 제제를 향한 연민 때문이다. 책을 덮고 나서도 비윤리적인 아버지에 대한 분노는 쉽게 사그라지지 않는다.

더욱 놀라운 사실은 폭력적인 아버지 밑에서 자란 형제들마저도 제제를 때린다는 점이다. 그런 형제들과는 달리 제제는 막내 루이스를 극진히 보살핀다. 이들의 차이점은 어디에 있을까? 폭력을 경험한 아이들은 어떤 성격으로 자라는 것일까?

대부분의 피해 아동들은 피학성 성격을 갖게 된다. 아이들은 폭력을 당하며 자신의 신체적 한계를 깨닫고, 가해자의 힘을 확인하게 된다. 그래서 가해자에게서 벗어나거나 이길 수 없다고 판단해 계속되는 폭력에도 저항을 못한다.

제제가 다른 형제들과 달리 동생 루이스를 극진히 돌본 것은 자신의 무의식적 죄책감을 학대당함으로 해소하거나 피하려 하는 '도덕적 피학증'으로 설명할 수 있다. 도덕적 피학증을 가진 사람들은 주로 '도덕화'라는 이차 방어기제를 사용하는데, 이것은 어떤 사안들을 받아들이는 데에 도덕적 기준을 과하게 적용해 자기 행동을 합리화하는 것을 말한다.

앞서 제제가 스스로 잘못을 저질러 폭력의 원인을 자처했다는 점을 들어 '행동화'를 이야기했다. 이것은 제제에게 무의식적 죄책감을 심어 주었을 것이다. 제제는 이 죄책감을 해소하기 위해 자신이 한 나쁜 짓들은 전부 '부도덕한 가해자들' 때문이라고 정당화하며 학대 상황을 버텨 낸다. 그러면서도 동생 루이스만은 왕처럼 대접함으로써 자신은 가해자들과는 다르다는 도덕적 우월감을 느끼며 자존감을 키워왔을 수도 있다.

그러나 제제의 형제들처럼, 어떤 아이들은 가해자와 자신을 동일시하여 자신이 패배했다는 사실을 부정하려고 한다. 폭력으로 인한 상처와 수치심, 불안과 두려움을 극복하기 위해 직접 공격자가 되어 피해자의 위치에서 벗어나려는 것이다. 이렇게 해서 피해 아동들 중 일부는 가학성 성격을 지니게 된다. 직접 가해자가 되지 않으면 영원히 피해자로 살 수밖에 없다는 두려움이 그들을 바꾸어 놓는 것이다.

제제의 형제들 역시 폭력적인 아버지와 살면서 언제 폭력의 대상이 될지 몰라 불안에 떨었을 것이다. 그래서 장난기가 많은 제제를 공공의 피해자로 만들어 자신이 피해자로 몰릴 가능성을 없애려 했을지 모른다. 이렇게 피해자였던 이들은 가해자로 돌변하고 만다. 자신을 보호하기 위해 선善을 넘어서는 것이다. 그러나 이들이 행한 폭력의 씨앗은 맨 처음 폭력을 쓴 가해자에게서 싹 틔워진 것임을 잊지 말아야 한다.

부모의 자식 사랑, 거룩한 희생이 아니라 비참한 자기 학대일 수 있다?

《고리오 영감》

그토록 아끼던 은식기들을 모아 구부리느라
표정을 일그러뜨리다가도,
이것을 팔아 딸들에게 드레스를 사줄 수 있다는 생각에

고리오 영감은
들떠 보이기까지 했다.

● 　　　　　　　　　　　　　　　　　　파리의 허름한 하숙집,
가난한 사람들로 꽉꽉 들어찬 그곳에 법과 대학생인 라스티냐크와 고리
오 영감은 같은 층에 묵고 있다. 더러운 식당에서 빵과 수프를 먹으며, 출
세를 다짐하는 이 젊은 대학생은 어머니와 누이들에게 돈을 빌려 좋은 셔
츠와 옷을 지어 입는다.

　사촌 누나 보세앙 부인의 도움으로 사교계에 입성한 라스티냐크는 아름
다운 귀족 부인들과 사귀게 되는데, 놀랍게도 그들은 고리오 영감의 딸들이
었다. 알고 보니, 왕년에 제면업자로 잘나갔던 고리오 영감. 그는 딸들을 위
해 전 재산을 바쳐 좋은 가문에 시집을 보내려고 지참금을 마련해주고, *정작
자신은 하숙을 했던 것이다.* 딸들은 결혼 후에도 고리오 영감을 찾아와 수시
로 돈을 빌려 갔다. 수중에 돈이 없는 고리오 영감은 아끼던 은식기까지 팔
아야만 했다. 고리오 영감의 삶을 지켜보며, 사교계의 허영과 위선을 지켜
보고 경멸하게 된 라스티냐크. 결국 고리오 영감은 딸들이 자신에게 바라는
것은 돈뿐임을 인정하고, 곧 병을 얻어 죽는다. 고리오 영감의 마지막을 지
키는 이는 딸들이 아닌 라스티냐크다.

　라스티냐크는 고리오 영감의 무덤가에서 파리 시내를 내려다보며, 다시
금 출세에 대한 욕망을 갖는다. 이것은 아버지의 무덤에도 찾아오지 않는
고리오 영감의 딸들을 향한 복수이자, 허영의 도시 파리에서 생존하기 위한
투쟁이나 마찬가지다.

발자크,
《인간 희극》 안에 쁘띠 프랑스를 담다
/

프랑스의 대문호이자 근대 소설의 대표 작가 오노레 드 발자크 Honoré de Balzac는 원래 법학을 공부했으나, 문학에 대한 열정으로 작가가 되기로 결심한다. 가족들의 만류에도 불구하고, 교외에 낡은 방을 얻어 읽고 쓰는 데 매진한 발자크. 그는 경제적으로 독립하고자 여러 사업에 도전하지만 모두 실패하고, 소설을 쓰며 근근이 생계를 이어 나간다.

발자크는 사실주의에 입각하여 프랑스인들의 삶을 소설로 옮겼다. 특히 길고 짧은 90편의 소설로 구성된 대작 《인간 희극》은 프랑스 문학사에 길이 남을 위대한 유산이다. 1834년에 출간된 《고리오 영감 Le Père Goriot》 역시 《인간 희극》에 속한 소설이며, 《인간 희극》에 등장하는 여러 인물들을 대거 포함하고 있어 발자크 소설에 입문하기에 적당하다.

이 소설은 19세기 초반, 프랑스 혁명 이후 되돌아온 왕정의 시대를 배경으로 한다. 활기찬 자유의 바람이 한 차례 몰아치다가 잠잠해지고, 다시 왕과 귀족들이 힘을 얻어가는 그때. 프랑스에서는 어느 때보다도 부르주아의 삶과 사교계를 향한 서민들의 동경이 커지고 있었다.

이 작품은 상인이었던 고리오 영감이 딸들을 귀족 가문으로 시집보내기 위해 전 재산을 내놓아야만 했고, 라스티냐크 역시 사교계에 입성하기 위해 가난한 어머니와 누이들에게 돈을 빌려야만 했던 그 시대의 이야기다. 허영과 위선으로 점철된 상류 사회에서 유일하게 순수함을 지켜 내던 라스티냐크는 양심과 욕망 사이에서 끊임없이 갈등하며 어떤 인간이 될 것인지 고민한다.

"언젠가는 너도 알게 될 거야. 나 자신보다, 타인의 행복에서 더 큰 행복을 느낄 수도 있다는 것을 말이지."

그 많던 고리오 영감의 은식기는
누가 다 가져갔을까
/

《고리오 영감》은 대도시 파리가 품고 있던 비극을 직시한다. 이 소설은 딸들에 대한 사랑으로 극한의 희생을 감수하는 한 노인의 이야기를 큰 줄기로 삼고 있다. 거기에 출세하려는 젊은이의 야망, 사교계에서 돋보이려는 여인들의 허영심, 사랑으로 얽히고설킨 연인들의 욕망과 더불어, 부를 축적하려는 가난한 자들의 욕심을 사실적으로 그려 낸다.

다른 이들의 욕심에 비교하면, 고리오 영감의 희생정신은 순수하고 고결하기까지 하다. 아름다운 아내를 잃고 나서 그의 사랑은 모두 딸들에게로 향했다. 그러나 딸들은 아버지의 부성애를 당연하게 여겼고, 감사할 줄 몰랐다. 고리오 영감은 딸들의 허영심을 채우기 위한 수단에 불과했다.

자신은 허름한 하숙집에서 초라하게 살면서도, 딸들만큼은 사교계에서 화려한 드레스를 입고 아름다움을 과시하며 모두에게 추앙받기 바라는 고리오 영감. 그의 모습에서 우리네 어머니와 아버지의 희생하는 모습이 겹쳐 보인다. 자식들이 잘되기만을 바라는, 숭고하다 못해 가엾기까지 한 부모 말이다. 그러다 딸들의 허영심으로 결국 고독사하는 노인의 최후를 보면 분노하게 된다. 어찌 보면 자식을 위한 희생도 누가 떠밀어서 하는 것이 아닌 스스로의 선택이기도 하다. 하지만 딸들의 불효와 고리오 영감의 희생 사이에는 '허영'이라는 정점이 있다. 결국 고리오 영감의 죽음은 물질 만능적이고도 허례허식이 만연한 파리의 기형적인 사교계가 빚은 비극인 것이다.

이 소설의 또 다른 주인공 라스티냐크는 독자들과 같은 시선으로 이 모든 부조리를 지켜본다. 그는 철없는 딸들에게 분노하고, 고리오 영감의 희생에 감탄하면서도 안타까워한다. 결국은 허영을 조장하는 사회에 그 분노의 화살을 돌린다.

그러나 작품의 마지막 장에서 라스티냐크는 사교계의 허영과 위선, 계급 사회의 불균형에 분노하던 것도 잠시, 다시 사교계 입성을 이루기 위해 담금질에 들어간다. 그 첫걸음은 고리오 영감의 둘째 딸이자 자본가의 아내인 뉘싱겐 부인과 저녁을 먹는 것이다.

가진 것 없이 패기로만 파리에 뛰어들어 화려한 삶을 꿈꾸는 청년 라스티냐크와는 달리, 왕년에 잘나가는 제면업자였던 고리오 영감은 단칸방 신세를 자처한다. 그 많던 재산과 인맥은 온데간데 없고 자신의 시신을 덮을 시트 한 장조차 살 수 없는 빈털터리가 되고 만다. 그의 몰락은 오로지 딸들의 허영심을 채워 주고자 한 것에서 비롯되었다. 마지막에 아끼던 은식기까지 다 팔아 버렸을 때, 그는 정말로 돈 한 푼 없는 뒷방 늙은이가 되어 버렸다.

결국 고리오 영감의 은식기를 훔쳐 간 것은 실체 없는 파리의 허영이다. 고리오의 딸들 또한 사회가 조장하는 대로 허영과 사치에 빠져 아버지를 착취했다. 수중에 아무것도 남지 않은 노인의 고독함. 그것은 시대의 장난에 농락당한 피해자의 전형이었다.

자식을 위해서는 내 모든 것을 희생해도 된다?
[고리오 영감에게 드러난 피학성 성격]

/

피학성 성격을 가진 사람들은 양심과 도덕을 철저하게 따른다. 금욕, 자기희생, 겸손 등 자신을 절제하고 고통을 견디는 과정을 거쳐야만 목표에 도달할 수 있다고 믿기 때문이다. 이러한 성격은 인간관계에서도 그대로 적용된다. 피학성 성격을 가진 사람들의 인간관계는 지극히 일방적이다. 자신을 희생하면서 모든 것을 참고 견디며 상대방과의 관계가 언젠가는 개선되리라 믿는다. 더 나아가 자신의 노고도 인정받을 것이라고 기대한다. 그러나 하나부터 열까지 누군가의 마음에 맞는 사람이 되는 것이 어디 쉬운 일이던가. 아무리 자신이 관계를 위해 열심이어도 이것이 상대방의 마음에 들지 않으면 말짱 헛것이 되어 버린다.

피학성 성격을 가진 사람은 자신을 희생하면서까지 상대방에게 헌신하지만, 상대방이 시큰둥해하거나 기대하는 반응을 보이지 않으면 실망하고 외로움에 빠진다. 때문에 자신이 관계를 맺는 방식이 지나치게 일방적이거나 고집스럽지는 않는지 상대방의 입장에서 한 번 생각해보아야 한다.

《고리오 영감》에서도 일방적인 희생을 쉽게 찾아볼 수 있다. 고리오 영감은 잘나가던 사업가였으나, 딸들을 귀족에게 시집보내기 위해 무리해서 고액의 지참금을 마련해준다. 또한 딸들이 밀가루 장사를 하는 자신의 모습을 부끄럽게 여기자 사업을 중단하고 허름한 하숙집으로 거처를 옮겨 조용히 산다. 딸들을 보고 싶을 때는 딸들의 하인에게 미리 동선을 물어보고 우연을 가장하여 잠깐씩 얼굴을 보는 것이 전부다. 딸들은 아버지가 집으로 찾아오는 것 역시 싫어했다. 사위들은 고리오가 부자였을 때나 장인어른 대우를 해주었지, 은퇴하고 하숙 생활을 하자 고리오 영감을 무시한다.

그런데도 왜 이렇게까지 할까 싶을 정도로 고리오 영감은 딸들을 위해 모든 희생을 감수한다. 부모라면 마땅히 할 역할을 넘어서까지 말이다. 그의 행동을 '부모의 희생정신'으로만 볼 수 없고, 피학성 성격의 측면에서도 살피는 이유다. 누가 봐도 도를 넘은 딸들의 행동에도 그는 화내지 않는다. 그리고 고리오 영감은 딸들이 자신을 사랑한다고 믿는다. 고리오 영감은 라스티냐크에게 무도회에 참석하여 딸들의 모습을 보고 오라고 하며, 우쭐해하기도 한다. 그리고 자신은 좋은 아버지라는 자부심을 내보인다. 바로 이러한 대목에서 고리오 영감이 가진 피학성 성격이 두드러진다. 자신은 가난의 고통을 인내하면서도 결국 그 끝에는 딸들의 행복이라는 최종 목표가 있고, 그들의 행복이 곧 자신의 행복이라고 여기기 때문이다.

딸들을 위해 아끼던 은그릇들을 고리대금업자들에게 팔아 넘겨도 딸들은 고맙다는 말 한마디 없다. 그런데도 고리오 영감은 자신의 행복은 오직 딸들의 행복에서 얻을 수 있다며 웃음 짓는다. 이쯤 되면 고리오 영감이 불쌍해 보일 정도다.

나중에는 수중에 돈 한 푼 없어 늙은 나이에도 대리복무까지 생각할 정도로 딸들만을 생각했던 고리오 영감. 그는 딸들이 돈 문제로 자기 앞에서 싸우자 충격으로 쓰러지고 만다. 일찍 죽은 아내에 대한 사랑으로 두 딸까지 평생 호강시켜 주려 했던 고리오 영감. 그는 딸들에게 퍼준 사랑의 1g도 돌려받지 못한 채 낡은 하숙집에서 생을 마감한다. 평생 딸들을 위해 희생하고 살았지만, 고리오 영감이 죽자 두 딸은 장례비용도 치르지 않고, 장례식에 찾아오지도 않는다.

"과연 누가 결정할 수 있단 말인가? 메마른 심장과 텅 빈 머리 중에서 어떤 것이 더 암울한 광경인지."

희생하는 삶에서 벗어나
자신을 위한 삶으로

《고리오 영감》에서 보이는 피학성 성격은 요즘 우리 주변에서도 씁쓸하게 관찰된다. 고령 사회에 접어든 대한민국은 수년 후 생산가능 인구가 급격히 줄어드는 인구절벽을 앞두고 있다. 보호받아야 할 노약자층이 늘어나고 이들을 책임질 부양 인구가 줄어든다. 그리고 그 사실은 나이 든 사람들에게도 아주 큰 스트레스가 될 수 있다. 벌써부터 우리 사회의 노년층은 그 어느 때보다 잔인한 시기를 보내고 있다. OECD 국가 중 노인 자살률 1위라는 오명과 함께 노인들의 빈곤 문제도 심각하다. 무연사(연고 없는 죽음)나 고독사 등 외롭고 쓸쓸한 죽음을 맞는 노인들도 늘고 있다.

한창 세상을 향해 달려가다 서서히 죽음을 향해 걸어가는 시기를 우리는 누구나 맞이하게 된다. 이때 어떻게 해야 방치된 죽음이 아니라 잘 준비된 죽음을 맞이할 수 있을까.

노인들은 갖가지 상실감으로 괴로워한다. 건강도 예전만 못한데다 경제력까지 약해져 왕년의 지인들을 만나는 것도 상당히 부담스러워진다. 가족에게 짐이 된다는 생각에 자신감이 떨어지고, 불화라도 생기면 자신의 탓으로 해석해 위축된다.

이렇게 상실감이 계속되면 우울한 성격을 갖기 쉽다. 자꾸만 방 안에만 틀어박혀 혼자 있고 싶고, 죽음에 대한 이미지가 반복해서 떠올라 불안감에 시달린다. 그러나 사실 이들이 원하는 것은 자신을 세상 밖으로 이끌 사랑의 손길이다. 주변인들이 관심과 애정을 갖고 이들을 지켜보아야 한다. 하루 한 번 전화 통화를 하거나 따뜻한 인사를 건네고 정서적으로 고립되지 않도록 자꾸 손을 내밀어야 한다.

스스로 노력해야 하는 부분도 있다. 꾸준히 취미를 갖고, 규칙적인 식사와 운동으로 건강을 지켜 나가야 한다. 이 모든 것이 거창할 필요는 없다. 적은 양이라도 꾸준히 하는 것이 중요하다. 또한 봉사나 종교 활동 등 세상과의 연결 고리를 만들어 밖으로 나가야 한다.

영화 '버킷리스트'에 나온 것처럼, 하고 싶은 일의 목록을 만들어 지켜 나가는 것 역시 삶의 활력소가 된다. 여러 가지 동기를 부여해 자신의 삶을 의미 있게 만드는 것이 무엇보다 중요하다. 아직도 할 일이 남아 있다는 것, 아직도 하고 싶은 것이 있다는 것은 살아야 할 이유가 된다. 삶의 목표를 오로지 자신에게 맞추어, 희생하는 삶에서 벗어나 스스로를 존중하고 사랑해야 한다.

CHAPTER 04

타인의 고통이
나에게는 치유가 된다

소설 속 인물로 만나는
반사회성 성격

나에게 죄책감 따위는 없다

—— 반사회성 성격 ——

'너희가 나를 무서워했으면 좋겠어'
한 비행 청소년의 잔혹한 성장기

《시계태엽 오렌지》

"나 이제 어떻게 될까?"

> 루도비코 요법.
> 이것은 범죄자 갱생을 목적으로 정부가 고안한 교화 장치다.
> 알렉스는 감옥에서 나가는 조건으로
> 이 약물치료의 대상자가 되기로 한다.

● 　　　　　　　　　　　　　　　　　　　　무리지어 다니며

온갖 범죄를 저지르고 다니는 알렉스 패거리들. 패싸움, 노약자 폭행, 약

물 복용, 금품 갈취 및 강도 행위 등…. 그들은 어두운 골목을 배회하며 무

고한 시민들을 괴롭힌다.

　　그러다 알렉스 무리에 갈등이 생겨나고, 알렉스는 무리들이 파놓은 함정

에 빠져 독거노인 살인 혐의로 교도소에 수감된다. 그러나 그곳에서도 사람

을 죽여 정부의 범죄자 갱생 프로그램인 루도비코 요법으로 치료받게 된다.

　　다른 수감자들과 격리되어 매일 범죄 영상을 강제 시청하고, 루도비코

약물을 주입받는 알렉스. 그는 점점 악한 행동에 거부감을 갖게 되고, 폭력

을 떠올리는 것만으로도 구토와 공포감이 생기는 지경에 이른다.

　　2주간의 갱생 치료 끝에 사회로 나온 알렉스는 모든 것이 달라졌음을 느

낀다. *그에게 선과 악을 스스로 선택할 수 있는 자유의지가 사라져 버린 것이*

다. 결국 알렉스는 사회 부적응자가 되어 가족과 친구들, 이웃을 떠나 길거

리를 방황한다. 그러나 거리 곳곳에서 과거에 자신이 괴롭혔던 피해자들이

있다. 그들로부터 차례로 복수를 당하고, 알렉스는 가까스로 죽을 고비를

넘긴다.

다재다능한 앤서니 버지스의 소설
《시계태엽 오렌지》
/

앤서니 버지스Anthony Burgess는 영국의 소설가다. 그는 맨체스터 대학에서 영문학을 전공했으며, 소설이나 연극 및 영화 각본 등 자신의 작품을 창작하는 것과 더불어 문학 연구에도 힘썼다. 프랑스어에도 능통하여 번역서를 출간하기도 했고, 뛰어난 문장력으로 신문 기자로도 활동했다.

피아노를 잘 쳤던 아버지의 영향으로 음악에도 깊은 관심을 가진 앤서니 버지스는 작곡 공부도 병행하였다. 그의 작곡 능력은 취미 수준을 벗어났고 오페라, 재즈, 클래식 음악을 직접 작곡할 정도였다. 앤서니 비지스는 훗날 자신의 소설인 《시계태엽 오렌지 A Clockwork Orange》를 직접 연극으로 각색하여 무대에 올리고, 연극 음악 역시 직접 작곡하기도 한다.

《시계태엽 오렌지》는 1971년, 스탠리 큐브릭 감독이 영화로 제작해 큰 화제가 됐다. 영화가 개봉될 당시에 폭력적이고 잔인한 장면이 많아서 사회에 악영향을 미칠 것이라는 우려가 있었다. 실제로 런던에서는 청소년들이 영화에서처럼 10대 소녀를 강간하는 모방 범죄를 저지르는 일이 일어나 감독 스스로 상영을 금지시키기에 이른다.

그러나 이 작품에서 등장하는 폭력성과 선정성은 정부가 고안한 루도비코 요법 등으로 인해 '강요된 선'과 극렬한 대비를 이루며, 인간의 자유의지를 강조하는 역할을 한다. 단지 폭력성에만 초점을 맞추기보다는 작품 전반에 깔린 원작자의 의도를 이해하는 노력이 필요하다.

소설《시계태엽 오렌지》에서는 주인공 알렉스가 화자가 되어 대화체로 극을 이끌어 간다. 이와 같은 소설 기법은 독자와 화자 사이의 거리를 좁혀 소설을 허심탄회한 고백의 장처럼 느끼게끔 한다.

또한 영화에서는 알렉스가 정부 측에 서서 루도비코의 부작용에 대해 발설하지 않기로 결심하는 결말을 맺는 반면, 소설에서는 화자 알렉스가 자신의 과오를 낱낱이 드러내고, 자아 성찰을 통해 미숙한 소년에서 어른으로 성장해 나가는 모습을 보인다. 이로써 앤서니 버지스는 아무리 악한 사람이라도 자유의지로 결국 선을 선택할 수 있다는 희망찬 메시지를 전달한다.

"인간에게는 강요된 선보다 스스로 선택한 악이 더 나은 것일까?"

이것은 누구를 위한 갱생인가?
[강요된 선에 저항하는 인간의 자유의지]
/

《시계태엽 오렌지》는 한 비행 청소년의 인생을 그리고 있다. 극악무도하며 반사회적인 일탈을 즐기던 알렉스는 동료들의 배신으로 교도소에 들어가고, 그곳에서 갱생 치료를 받아 인간의 자유의지를 잃고 선을 강요당한다.

마치 태엽을 감아야만 움직일 수 있는 인형처럼 자신의 의지 없이 타인의 의도대로 조종당하는 삶을 사는 알렉스.

정부는 공공의 선을 위해 범죄자들에게 루도비코라는 약물을 주입한다. 그것으로 범죄자들을 무기력하게 만들고, 잔인한 범죄 영상을 매일 강제로 시청하도록 하여 폭력이나 범죄를 떠올리기만 해도 구토감을 느끼게끔 조건반사 교육을 시행한다.

당연하게도, 여기에 개인의 윤리 의식이나 동기 따위는 고려대상이 아니다. 무조건 범죄율을 낮추고 피해를 줄이는 데만 혈안이 되어 있기 때문이다.

보통 《시계태엽 오렌지》라는 작품을 떠올리면 작품 전반에 서술된 폭력성과 선정성에만 포커스를 맞추는 경우가 많다. 주인공의 범죄 행위를 자세히 묘사해서 모방 범죄를 우려하는 시선 또한 많다. 그러나 이 작품에서 말하고자 하는 것은 인간의 자유의지다.

갱생을 목적으로 인간에게 선을 강요하는 것은 과연 정당한 것인가. 인간에게서 자유의지를 빼앗는 것보다 더욱 비도덕적이고 비인간적인 일이 있을까.

작가는 소설이 전개되는 내내 개인의 의지를 말살해 전체 사회를 통제하여 빅브라더가 되려고 한 정부에 비판적인 시선을 유지한다. 작품 후반부에는 정부의 전체주의에 반대하여 알렉스를 정치적으로 이용하려는 세력을 등장시켜 독자들을 혼란에 빠뜨린다. 독자들은 악한 인간을 갱생시키겠다는 선한 의지로 인간의 자유의지를 말살하는 정부와, 인간의 자유의지를 수호한다는 명목으로 알렉스를 이용하려는 세력 사이에서 갈등한다. 또한 악인이던 알렉스가 피해자로 뒤바뀌는 모습을 바라보며, 선과 악을 판단할 기준마저 모호해져 버린 상황에 통탄한다.

그러나 문제는 의외의 곳에서 쉽게 해결된다. 반사회적 행동을 함께한 세 명의 동료들이 정부의 갱생 요법 없이도 제각기 자신의 삶을 살아가는 모습을 보며, 알렉스에게도 과거를 청산하고 어른이 되려는 의지가 생겨난 것이다.

이런 알렉스의 의지는 루도비코 요법이나 정부의 갱생 프로그램으로 강요된 선이 아니다. 바로 인간의 자유의지에 따른 스스로의 선택인 것이다. 인간의 진심과 본질이 행위의 동기로 직결되는 자연스러움. 이것이 바로 소설 《시계태엽 오렌지》에서 말하고자 하는 바다.

그들이 비행을 저지르는 까닭은?
[알렉스에게 드러난 반사회성 성격]

/

반사회성 성격의 기원은 무엇일까. 반사회성 성격을 가진 사람들은 일차적으로 양육자와의 애착관계가 제대로 형성되지 않은 경우가 많다. 아이들은 보통 양육자에게 사랑과 보호를 받으며 자존감을 키우고 안전감을 느끼게 된다. 그런데 만약 양육자가 아이를 혼란스러운 양육방식으로 키우거나 방임, 학대한다면, 아이들은 양육자를 신뢰하지 못하게 된다. 이렇게 되면 아이에게는 '초자아'가 만들어지지 않는다.

초자아란 무엇일까? 정신분석 이론에서 인간의 성격을 세 가지로 구분하였는데, 바로 원초아, 자아, 초자아다. 성격에서 원초아는 본능과도 같은 영역을 맡고, 자아는 현실에 지배되는 영역을 맡는다. 그리고 초자아는 도덕, 이상적인 영역을 맡아 자기 스스로를 감찰하는 보호자와도 같은 역할을 해준다. 이런 초자아가 결핍되면 반사회성 성격이 나타나게 되는 것이다. 결과적으로 아이들은 양육자를 믿지 못해 스스로를 보호하려 함으로써 전능감을 갖는다. 더불어 적절한 한계와 충동적인 행동의 결과를 알지 못해 이에 대한 두려움도 느끼지 않는다.

그러나 정신분석학적 사례에 따르면, 보통 이러한 경우 아이들은 본능적으로 자신이 나약하다는 사실을 알아채 무의식적으로 강해지길 원한다. 그래서 힘과 권력에 집착하고, 자기를 과장하거나 비현실적인 우월감을 내세워 타인에게 힘을 행사하려고 든다. 이들의 힘은 주로 폭력적인 행동으로 나타난다. 또한 자신의 나약한 내면을 부정하기 위하여 감정을 절제하는 경향이 있어 남들의 눈에는 공허해 보일 수 있다.

학교에서 일어나는 왕따 사건도 이와 비슷하다고 할 수 있다. 왕따 가해자들은 무리지어 다니며, 자신들보다 약한 피해자를 골라 괴롭힌다. 신고하면 가족을 해치겠다고 협박하거나, 선생님이나 경찰도 자신들을 막지 못할 것이라는 등의 허세도 부린다. 가해자 무리들 중 양심의 가책을 느끼거나 피해자에게 동정심이 생겨도 이를 내보이는 일은 드물다. 이러한 행동이 곧 나약하다고 생각하기 때문이다.

《시계태엽 오렌지》에 등장하는 비행 청소년들 역시 자신의 힘을 과시하기 위해 폭력을 행사한다. 대상은 남녀노소를 가리지 않는다. 자신들에게 굴복하는 타인을 보면서 승리감을 느끼고 자존감도 올라가게 되기 때문이다.

소설에서 알렉스는 무리를 이끌며 범죄를 주도한다. 알렉스의 힘은 외부뿐만 아니라 내부로도 향한다. 항상 자신이 우두머리임을 주지시키고 자신의 자리를 넘보는 아이들은 폭력으로 응징한다. 이는 집안에서도 별반 다르지 않다.

알렉스는 빈민층이 사는 낡은 아파트에 살고 있다. 알렉스의 부모님은 넉넉하지 못한 가정 형편에다 알렉스의 비행을 통제하지 못할 정도로 노쇠했다. 그들은 알렉스가 집에 늦게 들어오거나 한밤중에 음악을 크게 틀어서 이웃들에게 피해를 끼쳐도 알렉스를 선뜻 야단치지 못한다. 이러한 장면에서 알렉스가 스스로를 감찰하는 능력인 초자아가 만들어지기 어려운 성장 과정을 보냈음을 짐작해볼 수 있다.

힘없고 가난한 부모님에게 의지할 수 없었던 알렉스는 스스로를 보호하려고 날을 세운다. 무례한 말버릇과 폭력적인 성향으로 범법 행위를 밥 먹듯이 저지르는 알렉스. 그의 반사회적 행동은 지속적이고 집 안과 밖을 가리지 않는다. 요란한 사춘기 수준이 아니라 품행장애나 반사회적 인격장애까지 의심해볼 수 있다.

품행장애, 질풍노도의 시기

/

요즘 범죄를 저지르는 연령이 부쩍 낮아졌다. 청소년 범죄는 단순한 절도부터 성폭력, 상해, 살해에 이르기까지 그 수위가 심각해지고 있다. 대검찰청 범죄 분석 통계에 따르면, 소년 범죄의 경우 초범률뿐만 아니라 재범률 또한 늘고 있는 실정이다.

이들의 비행을 단순히 사춘기 시절의 객기로 치부해서는 안 된다. 지속적으로 사회 규범을 위반하고 타인의 권리를 침해하는 행동은 품행장애일 수도 있기 때문이다.

품행장애란 미국 정신의학 협회American Psychiatric Association의 정신질환 진단 및 통계 편람DSM에서 엄연히 정신질환으로 분류하고 있다. 그리고 품행장애는 이른 시기에 발병될수록 반사회적 인격장애로 진행할 가능성이 높기 때문에 적극적으로 치료해야 한다. 또한 미국의 심리학자 모핏Moffitt에 따르면 품행 문제가 사춘기 시절에만 국한되는 품행장애도 있지만, 성인이 되어서도 문제가 지속되는 일생 지속형 품행장애도 있으므로 반드시 초기에 적절한 치료를 받아야만 한다.

그렇다고 모든 비행 청소년들이 품행장애인 것은 아니다. 품행장애는 유소년기나 청소년기에 보이는 반사회적 행동을 말한다. 그 특징으로 지속적으로 공격성과 폭력성을 보인다. 품행장애가 있는 아이들은 사람이나 동물을 상대로 화풀이를 하거나, 기물을 파손하는 식으로 자신의 적개심과 분노를 해소한다. 반사회적 인격 장애와 마찬가지로 양심이나 윤리의식이 없어 사회 질서를 위반하고 거짓말을 하거나 스스럼없이 남의 물건을 훔친다.

그러나 약물 치료와 심리 치료를 함께하면, 행동 개선과 사회 적응에 큰 효과를 볼 수 있다. 문제는 이들 중 소수는 반사회적 인격 장애나, 사이코패스가 될 가능성이 있다는 점이다. 품행장애를 가진 아동들이 비행을 저지를 때, 무리를 지어 다니는 것보다 혼자 행동하는 유형이 더욱 위험하다. 청소년기에 발병되는 것보다 소아기에 발병되는 경우에 사이코패스가 될 확률이 크다.

부모들은 자식에게 정신적인 문제가 생겼을 때 병원을 찾기보다는 회피하거나 스스로 선도하려고 하기 쉽다. 아직은 정신과 치료에 대한 사회적인 시선이 부정적이고, 부모가 아이들의 문제를 자신의 잘못이라고 생각해 스스로 해결하려고 하기 때문이다. 그러나 품행장애를 지닌 아이들에게 전문적인 치료는 선택이 아니라 필수다. 아이들의 비행에 대해 직접 야단을 치거나 처벌을 내리면 아이의 반항심만 자극해 상황이 더욱 안 좋아질 수 있으므로 바람직하지 않다.

극 중 알렉스의 나이를 감안하면, 품행장애에서 반사회성 성격으로 굳어지는 이행 단계에 있는 것으로 보인다. 어떠한 성격 유형의 특성을 가지는 것에는 나이가 크게 상관없지만, 성장기 아이에게 특정 성격 장애라는 꼬리표를 붙이는 것은 조심스러운 일이며, 섬세한 진단이 요구된다. 그렇기 때문에 더욱 부모의 자율적인 처벌보다는 전문적인 조언이 필요하다.

끔찍한 범죄를 보아야만 영감을 얻을 수 있다?

《광염 소나타》

"그 기회란 것이 한 사람에게
'천재적 재능'과 '범죄 본능'을
한꺼번에 일깨웠다면요?"

단지 우연이었을까?

천재 음악가 백성수.

그가 대작을 창조해낼 때마다
방화나 살인 같은 끔찍한 범죄가 일어난 것이.

● 　　　　　　　　　　　　　　　　　　　　　　　　　　　어느 여름날,

두 노인이 마주 앉아 담소를 나누고 있다. 주제는 천재 음악가 백 모 씨의
아들 백성수의 이야기다. 노인 중 한 명인 음악 비평가 K씨는 예전에 우
연한 기회로 백성수와 마주친다. 바로 마을에 방화 사건이 일어났을 때의
일이다. 타오르는 불길과 사람들의 비명소리에 흥분이 고조된 백성수가
예배당으로 들어와 즉흥곡을 연주했다. 예배당에 있던 K씨는 단번에 그
의 천재성을 알아본다. 그리고 오갈 데 없는 백성수를 거두어 음악을 할
수 있게 도와준다.

　그러나 백성수의 천재성은 쉽게 발휘되지 않았다. K씨 역시 마음이 조급
해질 때쯤, 백성수는 충동적으로 방화를 저지르고서 '성난 파도'라는 곡을
작곡한다. 그렇게 마을에 크고 작은 불이 날 때마다 새로운 곡들이 탄생하
게 되고, 백성수는 방화로도 모자라 또 다른 범죄에 대한 충동을 느낀다. 결
국 백성수는 시체를 모독하고 살인까지 하는 반인륜적 범죄를 저지르다가
감옥에 갇힌다.

　지금 음악 비평가 K씨는 사회 교화자 모 씨에게 기회론을 설파하는 중이
다. 만약 어떤 사람에게 **'기회'라는 것이 찾아와 그 사람의 천재성과 범죄 본
능을 이끌어 낸다면**, 그 '기회'가 축복인지 저주인지에 의문을 제기하며, 범
인은 이해하지 못하는 예술가의 인생에 대해 슬퍼한다.

예술지상주의자 김동인,
'그'를 향한 두 가지 시선

소설가 김동인은 간결한 문체와 사실주의적 표현으로 한국 근대 문학에 큰 획을 그었다. 김동인은 1919년 우리나라 최초의 문학동 인지 〈창조〉를 발간하여 순수 문학의 부흥에 힘썼다. 그는 현대적 인 문체의 단편소설을 연이어 발표해 소설가로도 활발한 활동을 펼쳤다.

김동인은 열일곱에 아버지에게 상속받은 유산으로 유복하게 생 활했지만, 부족한 경제관념 탓에 재산을 탕진하고 극심한 생활고에 시달린다. 그리고 생계를 위해 글쓰기에 전념하다 몸과 마음이 피 폐해져 중풍을 얻고 만다. 결국 마약에 중독되기까지 하여 6.25 전 쟁 중에 51세의 나이로 쪽방에서 홀로 죽음을 맞이한다.

그러나 소설가로서 그의 삶은 화려했다. 김동인은 한국 최초로 영어의 3인칭 단수인 he와 she를 통칭하여 '그'라는 3인칭 대명사를 사용하였고, 과거형 문장을 도입하는 등 강한 실험정신을 가진 소 설가였다. 또한 《배따라기》, 《감자》, 《광염 소나타》 등 예술지상주의 와 자연주의를 표방한 독창적인 소설을 창작했다. 김동인은 작품의 공백기가 없을 정도로 다작을 한 것으로도 유명하다. 이와 같은 노 력으로 소설을 순수 예술의 경지로 끌어올리는 데 큰 업적을 남겼지만 그의 친일 행위에 대한 논란은 여전히 지속되고 있다. 2.8 독립선언이나 3.1 운동에 참여해 구속되기도 했던 김동인이 현대에 와서는 친일반민족 행위자로 분류되어 있기 때문이다.

마치 그의 작품인 《광염 소나타》에 등장하는 천재성과 범죄 본능 사이의 괴리만큼이나 혼란스러운 행적을 지녔다. 한국 문학에 대한 공헌과 친일 활동 사이의 간극. 과연 김동인의 천재성은 한국 문학계에 있어서 축복인가 저주인가. 아직도 '그'를 향한 두 가지 시선은 평행하고 있다.

> *"기회(찬스)라 하는 것이 사람을 망하게도 하고 흥하게도 하는 것*
> *을 아시오?"*

광염 소나타는 과연
개인의 걸작인가, 사회의 실패작인가
/

소설에서 그려진 '악'은 일단 개인의 내면에 도사리고 있다가, 가정의 울타리를 넘어 사회로 뻗어 나간다. 안타깝게도 가정이라는 울타리는 집안이 가난할수록 낮고, 조악하다. 백성수 역시 불우한 환경 때문에 악의 유혹에 넘어갔다는 생각을 지울 수가 없다.

백성수의 아버지 역시 천재 음악가로 유명했다. 그러나 예술가적 광기를 주체하지 못해 알코올 중독, 폭력 등 반사회적 일탈을 저지르며 폐인으로 전락하고 만다. 경찰서를 밥 먹듯 드나들었지만 끝내 선도되지 못했고, 결국 심장마비로 사망한다.

백성수의 어머니 역시 미혼모의 삶을 살며 든든한 울타리가 되어 주지 못했다. 남편이 갑자기 죽고 혼자가 된 백성수의 어머니는 집에서 쫓겨나 홀로 백성수를 낳고 길렀다. 그 와중에도 백성수가 음악에 소질을 보이자 피아노를 마련해주었으나, 찢어지게 가난한 형편 때문에 아들을 음악가가 아닌 공장의 직공으로 키울 수밖에 없었다. 백성수는 나중에 음악을 배우겠다는 희망을 가지고 부지런히 돈을 모았지만, 어머니의 병세가 깊어지자 치료를 위해 돈을 다 쓰고 만다. 백성수는 의사를 부르기 위해 그때 처음으로 남의 돈에 손을 댔다.

가난이 백성수의 음악적 재능을 덮어 버리고, 좀도둑이 되는 데 아무 역할을 하지 않았다고 볼 수 있을까? 백성수가 어머니의 병원비를 마련하기 위해 도둑질을 하다 수감된 동안, 어머니는 오지 않는 아들을 찾으러 방 밖으로 기어 나와 쓰러져 죽었다. 백성수가 출소했을 때, 집은 이미 다른 사람들의 것이 되었고 어머니의 무덤조차 찾을 수 없었다.

'광염 소나타'는 백성수가 세상에 대한 분노를 이기지 못해 처음으로 방화를 저지른 날에 탄생한 곡이다. 그는 자신의 분노와 불안을 잠재우고자 색다른 자극을 찾아 나간다. 단순한 도둑질에서 시작한 범법 행위는 방화, 살인, 시체 모독에 이르는 등 점점 대범해졌다. 희생이 늘수록 그의 작품도 늘어만 갔다.

우리 사회의 기능은 소외된 약자를 보호하고 정의를 실현하는 데 있다. 그러나 백성수의 가족이 몰락하는 동안 사회는 어디에 있었을까. 개인의 기질은 타고나는 것이지만, 범죄 예방 역시 사회의 몫이다. 아무리 악한 개인이 있다 해도 사회는 그들을 선도하고 무고한 시민의 안전을 지켜야 할 책임이 있다. 그러한 의미에서 '광염 소나타'는 사회의 실패작이라고도 할 수 있다.

개인의 걸작과 사회의 실패작 사이에 선 광염 소나타. 그러나 한 가지 분명한 것은 가난에도 선한 의지를 갖고 자신의 신념을 지키는 소시민이 있기에, 악은 개인의 잘못된 선택이라는 사실 역시 부정할 수 없다는 점이다.

누군가를, 무언가를 해쳐야만 해소가 되는 불안
[백성수에게 나타난 반사회성 성격]

/

반사회성 성격은 공격적이고 충동적이며 다른 사람과 공감하는 능력이 없어 사회 체제에 반대되는 성격을 말한다. 정신질환 진단과 통계 편람DMS에 따르면, 이러한 성격 유형을 가진 사람들은 도덕적 윤리 의식과 양심이 없어 스스럼없이 사회 규범과 질서를 어긴다. 그래서 다른 사람에게 피해를 끼치고도 죄책감을 느끼지 못한다.

반사회성 성격을 가진 사람들은 불안에 대한 방어기제로 '행동화'를 사용한다. 행동화는 앞서 피학성 성격의 방어 기제로 소개한 바 있다. 처벌에 대한 불안으로 미리 말썽을 부려 혼날 시간과 장소를 스스로 정해 마음의 준비를 하는 것이 바로 피학성 성격의 행동화 방식이었다.

그러나 반사회성 성격의 행동화는 조금 다르다. 반사회성 성격을 가진 사람들은 기저에 깔린 불안을 스스로 인식하기도 전에 즉각적으로 특정한 행동을 저지르려는 충동에 시달린다. 그리고 이 특정 행동이라는 것이 주로 반사회적인 경우다.

《광염 소나타》의 주인공 백성수는 창작에 대한 불안을 느낄 때마다 방화나 살인을 저질러 마음을 다스렸다. 흥분과 긴장이 고조될수록 예술적인 감각이 살아났고, 그것은 곧 아름다운 음악으로 재탄생하였다. 백성수의 아버지 역시 천재 음악가였으며, 백성수처럼 창작에 대한 불안에 시달렸다. 백성수의 아버지의 행동화는 알코올 중독이나 폭력으로 나타났다.

반사회성 성격을 가진 사람들은 공격적인 기질을 타고났으며, 정상인들보다 흥분의 역치가 높기 때문에 색다른 자극을 추구하는 경향이 있다. 또한 정서나 감정에 둔감하여 소소한 즐거움이나 기쁨, 우울함이나 슬픔 등을 느끼지 못할 가능성이 많다. 극심한 분노나 조증 수준의 흥분을 희미하게나마 이해할 정도다.

　백성수는 처음에는 방화를 저지르는 것으로 쾌미를 느껴 음악적 영감을 얻었다. 하지만, 갈수록 더 큰 자극을 찾아 헤매게 되었다. 급기야 시체를 모독하고 살인까지 저지르는 등 끔찍한 일탈에 중독되었다. 사건을 저지른 후 죄책감도 없이 음악을 작곡하는 데 몰두했고, 천재 음악가라는 타이틀은 얻었지만 결국 정신병원에 수용되고 만다.

　백성수의 사이코패스적 기질은 어머니가 돌아가시고 난 후 갑작스럽게 발현되었다. 그전까지는 가난했지만 교양이 있고 어진 어머니의 교육 덕분에 백성수가 예술가적 광기를 어느 정도 통제할 수 있었다. 그러나 어머니의 죽음에 대한 충격과 분노로 그 광기가 증폭된 데다, 통제자마저 사라지자 걷잡을 수 없는 충동에 휩싸인 것이다. 이것은 어머니의 부재로 그간 미약하게나마 백성수를 붙들어 온 초자아가 사라지게 되어 그의 반사회성 성향이 더욱 강해진 것을 보여 주는 대목이다.

　　"천 년에 한 번, 만 년에 한 번 날지 못 날지 모르는 큰 천재를, 몇
개의 변변치 않은 범죄를 구실로 이 세상에서 없이하여 버린다 하

예술지상주의,
예술가의 광기인가 범죄자의 발광인가
/

예술가를 주인공으로 하는 소설은 굉장히 많다. 앞서 살핀 《달
과 6펜스》의 찰스 스트릭랜드, 《광염 소나타》의 백성수도 예술가
의 광기라는 것이 무엇인지 여실히 보여 주는 대표적인 캐릭터들
이다. 자신의 예술 세계에 도달하기 위해서라면 도덕과 윤리를 벗
어난 반사회적 행위도 서슴지 않으며, 불현듯 떠오르는 광기를 영
감의 원천으로 삼아 역작을 완성시키는 예술가들.

많은 사람들이 예술과 도덕의 경계에 관하여 꽤 오랫동안 논쟁
을 계속해왔다. 이러한 논쟁은 예술을 도덕보다 우위에 두는 예술
지상주의와, 예술을 도덕적 판단이 필요한 대상으로 보는 도덕주
의 등 크게 두 계파로 나눠진다.

먼저 예술지상주의는 예술의 자율성을 강조하므로 사회, 윤리,
도덕에 구애받지 않고 예술은 예술 그 자체로 의미가 있다고 주장
한다. 덧붙여 예술과 도덕은 각각 독립적인 영역에 있으며 예술을
도덕적 기준으로 판단해선 안 된다는 입장을 고수한다. 이 소설의

작가인 김동인 역시 예술지상주의를 지향하는 태도를 보인다.

김동인의 예술지상주의는 《광염 소나타》에서도 확연히 두드러진다. 이 작품은 뛰어난 음악가 백성수의 반사회적 요소를 제 3자의 시선으로 관망한다. 음악 비평가 K씨와 사회 교화자 모씨. 이들은 방화, 살인, 시체 모독 등 백성수가 벌인 범죄 행적을 놓고 이것을 예술가의 광기로 볼 것인지, 혹은 범죄자의 발광으로 볼 것인지를 끊임없이 고뇌한다. 그러다 어떠한 교훈도 없이 소설을 마무리 짓는다. 사회적 윤리나 도덕의 영향을 의식하여 억지로 선을 담지 않고 예술 그 자체로 남겨 둔 것이다.

이에 반대되는 개념은 도덕주의다. 예술의 목적은 대중을 계몽하고 선한 의지와 행동을 장려하는 데 있다고 여기기 때문에 도덕적 판단을 피할 수 없다고 주장한다. 도덕주의는 예술의 미적 가치가 도덕에서 말하는 선과 같은 선상에 있다고 보고 예술을 도덕을 설파하기 위한 부차적 수단쯤으로 생각한다.

그러나 도덕주의의 맹점은 예술 작품에 도덕적 선을 강요함으로써 미적 가치의 다양성과 표현의 자유를 침해한다는 것이다. 도덕적 가치를 내세우기 위해 다른 가치의 영역을 침범하는 것을 과연 도덕적이라고 할 수 있을까?

게다가 예술의 원천이 되기도 하는 '광기'는 본질적으로 선과는 거리가 멀다. 예술가들이 가진 불안한 정서와 예민한 감수성은 폭발적인 광기와 어우러져 뛰어난 창조성과 상상력으로 나타나곤 한다. 이것은 아름답고 정갈하기도 하지만 어둡고 우울한 경우가 더 많다. 오죽하면 아리스토텔레스는 천재성이라는 것이 우울한 기질을 뜻하는 '멜랑콜리'에서 탄생한다고까지 했을까.

하지만 예술가들은 날 것 그대로의 광기를 통제하여 하나의 창작품으로 만들어 낼 수 있는 강한 자아를 지닌 사람들이다. 끈기와 인내 없이 그저 광기로만 그치는 범죄자의 발광과는 확연히 다르다. 또한 예술가의 광기는 창작자의 세계관 안에서만 존재하는 것으로, 예술 작품 속 반사회적 요소는 도덕적 기준으로 판단하기보다는 예술 영역에 한정하여 미학적 관점에서 감상해야 하지 않을까?

문제가 되는 것은 백성수와 같이, 창작자의 광기가 작품 바깥으로 튀어나와 타인에게 피해를 입히는 경우다. 1982년, 서울 호암산에서 한 여성이 죽은 채 발견되었다. 사건의 범인은 사진사 이동식이었다. 사진을 찍어 전시회를 열 만큼 재능이 있었던 그는 평소 죽음의 순간이 가장 아름답다 생각해 그것을 프레임에 담고 싶어 했다. 그의 광기는 연출된 죽음으로는 충족되지 못할 정도로 커져 버렸고, 결국 무고한 시민을 희생자로 만들었다.

비단 실질적인 위해를 가한 것이 아니라 동조 심리를 부르는 경우도 위험하다고 볼 수 있다. 예를 들어, 소설《젊은 베르테르의 슬픔》이 출간된 후 실연의 아픔을 가진 사람들이 다수 자살하는 사건이 있었다. 영화 '글루미 선데이'에 수록된 동명의 주제 음악을 들은 사람들도 스스로 목숨을 끊기도 했다. 또한 영화나 소설에 나오는 반사회적 요소를 보고 모방 범죄를 일으키는 사람들도 있었다. 이러한 사례들이 발생할 때마다 예술은 비윤리적이라는 오명을 쓸 수밖에 없었다.

더 이상 예술가의 광기가 범죄자의 발광 소재로 이용되지 않도록, 예술 작품의 반사회적 요소는 작품 속에서만 존재한다는 것을 배울 기회가 늘어야 한다. 도덕은 예술을 판단하는 근거가 아니라, 독립된 영역에서 예술을 건강하게 즐길 수 있도록 대중의 의식을 높여 주는 역할이 되어야 할 것이다. 예술가는 예술의 영역 안에서 자유롭게 표현하고, 그로 인해 발생할 수 있는 폐해는 사회적 문제에 속하므로 도덕적 영역으로 다루어져야 한다. 도덕이 통제해야할 대상은 예술 그 자체가 아니라 예술을 그릇되게 소비하는 사람이 되어야 할 것이다.